MARIEL ARISTOS B.

El Derecho Prohibido

GÉMINIS
SA DE CV

www.editorialescorpio.com.mx

(c) 2001 por Encuadernación Géminis, S.A. de C.V.
Melesio Morales No. 16, Col. Guadalupe Inn (San Ángel),
México, D.F. Tel:. 56-60-55-61 y Fax: 56-64-14-54.

Idea original y temas del contenido: Georgina Greco
Colaboración pagada y remunerada: J.C.E

ISBN: 9687968257

Segunda Edición: Septiembre de 2002

Impreso en México
Printed in Mexico

ÍNDICE

CAPÍTULO I
EL AMOR... Y SUS ENCANTADORES SECRETOS ... 7
El papel de la pareja ... 9
La importancia del amor ... 14

CAPÍTULO II
EL APRENDIZAJE DEL FRACASO ... 17
Una vez más... el amor ... 18
¿Por qué vivir en el fracaso? ... 19
La voluntad en acción ... 21
El momento de la crisis ... 23
No se deje abatir ... 27
Cómo comenzar a trascender el problema ... 30
El principio de la vida ... 33

CAPÍTULO III
LA RECONCILIACIÓN: UN NUEVO DÍA ... 37
La tensión puede volverse su propio enemigo ... 42
Comience a perdonar ... 45

CAPÍTULO IV
CÓMO TRASCENDER LA CULPA ... 47
Muestre sus emociones ... 47
El reencuentro con la vida ... 50
Acéptese y conózcase a sí misma ... 54
El camino a la felicidad ... 56

Utilice su intuición 57
Ante todo: ámese a sí misma 60
La estrecha relación entre mente y cuerpo 62

CAPÍTULO V
EL VALOR: UN VALIOSO GRANO DE ARENA 67
Cómo enfrentar el problema 69
Avive la llama del amor con su pareja 75

CAPÍTULO VI
UNA LUZ GUÍA NUESTRO CAMINO 79
El valor de la amistad 83
Su compañero debe ser su mejor amigo 87
El amor lo vence todo 88
Fundamente su relación de pareja 89
El placer de dar apoyo 93
El significado de la bondad 94
Permita que el buen humor se apodere de usted .. 96
Comprométase consigo misma 100
La confianza es sinónimo de comunicación 102

CAPÍTULO VII
LOS HIJOS DEL CORAZÓN 105
La alternativa de la adopción 106
La adopción como compromiso 116
Porque siempre existirá la esperanza 118
Los requisitos de la adopción 120

LOS COFRES DEL SEÑOR 127

Las mujeres fértiles tienen a sus hijos en el vientre;
las infértiles, en el ...

CAPÍTULO I

EL AMOR... Y SUS ENCANTADORES SECRETOS

El **amor** es el sentimiento más maravilloso que pueda existir en los seres humanos. Es el secreto para triunfar en cualquier empresa de la vida.

Decimos con justa razón que los dos bienes más preciados de la vida son la ***salud*** y el ***amor***. Crecemos física, mental y espiritualmente gracias a este noble y bello sentimiento.

Maduramos como personas cuando sabemos lo que es amar y ser amados. Nuestra voluntad alcanza límites inimaginables al entregarnos a la persona que más queremos. La voluntad por conocer el amor nos rodea con una atmósfera espiritual de sorprendentes alcances.

Cuando vivimos en el amor, somos amables, agradecidos, educados y sensibles. Todos nuestros actos están encaminamos a hacer el bien, a sentirnos a gusto, a coexistir en torno al bienestar, a lo noble y a lo divino. Se habla del bienestar como una condición del crecimiento y la grandeza humanos.

La esencia de las grandes manifestaciones de la vida tiene su origen en la voluntad divina materializada en el amor.

Todo lo que nos rodea es producto de él: una flor, un animalito, una persona, una sonrisa. Fuimos creados para vivir y trascender junto a la persona amada: para compartir sentimientos, anhelos, dolores y fracasos.

Cuando una pareja decide unir sus destinos, lo hace para estar juntos no solamente en los momentos de diversión y de placer, sino para apoyarse y darse ánimos mutuamente en épocas difíciles. Es necesario asumir esa responsabilidad.

Otra palabra clave es ***Compartir***. Significa **dar**. Lo importante es desprenderse de todo lo material para comprender que hay fuerzas superiores que guían nuestro camino.

Cuando dos personas deciden emprender el camino de la vida juntos, lo deben hacer tomados de la mano. Fraternales y amorosos, porque son compañeros de viaje. El trayecto suele ser largo, sinuoso y lleno de varias piedras que obstaculizan su recorrido.

Sólo dos ***almas gemelas*** pueden emprender con éxito un viaje de tal naturaleza, sea en lo **bueno**, en lo **próspero**, en lo **redituable**, o en lo **malo**, **dañino** y **frustrante**. El camino es el mismo. Lo que lo vuelve diferente es la manera en que transitamos por él: a través del amor o del desamor.

Sin embargo, aunque suene extraño, muchas personas no realizan con éxito su papel en la vida porque existe una atmósfera turbia que envenena lo bueno, lo noble, lo divinamente realizable.

Somos más egoístas y más dedicados a lo ligero, a lo inmediato. Descuidamos a nuestras familias y a la pareja. Existen muchas razones. Pero, ¿cuáles son para esforzarnos en descubrir los encantos del amor? Hay mil millones de explicaciones, y debemos buscarlas. De lo contrario, sufrimos sus consecuencias, que se traducen en dolor al corazón.

El papel de la pareja

Pero regresemos al camino que se pretende compartir junto a la persona amada. Se vive, se comparten muchos sueños e ilusiones. Uno de ellos es el florecimiento en el reino del alma.

La vida de pareja es vitalmente importante para trascender como personas. Nos motiva a superarnos en el ámbito personal y profesional.

La relación entre un matrimonio debe establecerse sobre un amor delicado. De nada sirve un amor lleno de conflictos y reproches. Por tanto, al elegir a nuestra pareja, debemos estar seguros de que realmente existe el amor. Sólo éste permitirá consolidar una relación sólida, que no se desplome ante ningún problema.

En las parejas siempre debe existir ese deseo y esperanza. El amor adquirirá otra dimensión en el momento en que se logre un amor adulto, maduro.

Lo importante es que la salud mental tanto de la mujer como del hombre sea buena. Con esto debe entenderse: ESTABLE, GENEROSA y sobre todo radiante de AMOR. Y esto incluye a todo mundo.

Una pareja construida sobre estos cimientos forjará seres humanos modernos y listos para enfrentarse a los retos de la actualidad. En efecto, los papeles tradicionales de marido y mujer han comenzado a desparecer. La mujer ya no es la típica ama de casa, que vivía toda su existencia encerrada en su hogar, dedicada a su esposo e hijos.

Esto ya no es así, ya no puede serlo. Ahora encontramos a a las mujeres como prósperas empresarias, destacadas profesionistas o valiosas empleadas.

Y son experiencias que sin duda podemos compartir con nuestra pareja para enriquecer la relación. Éste es otro de los encantadores secretos del amor. Cuando la pareja logra comunicarse sus anhelos, sus ambiciones, sus metas, logra momentos de auténtica comprensión y encuentra motivos para seguir luchando.

Porque el amor diferencia a los seres humanos de los animales, de lo primario, al igual que el conocimiento y la percepción que tanto el hombre como la mujer tienen de lo que fue su vida.

La experiencia, en tales condiciones, va marcando pasado, presente y futuro, pero bajo una dimensión diferente, nueva y esperanzadora. Sin embargo, el HOY adquiere distintas tonalidades y perspectivas. Pasado, presente y futuro tienen que ver indiscutiblemente con el amor.

Cuando vemos al mundo desde una óptica amorosa, donde el respeto y la cortesía forman parte de nuestras vidas, vivimos todo de manera diferente porque SOMOS diferentes.

La Naturaleza es sabia y nos dota con una percepción de vida completamente única, individual, singular. Ése es otro de los encantadores secretos del amor. No hay enigmas. No hay dolor.

Ya no buscamos el placer por satisfacernos con egoísmo. Lo deseamos para compartir con los demás las cosas buenas de la vida y hacerlos partícipes de nuestra alegría.

Aunque en la pareja exista amor y confianza, siempre cuesta trabajo comunicarse de la manera más óptima con el compañero. Cuando surge el problema de la infertilidad, pueden elevarse muchas dudas y algunos reproches.

Hablando de los compañeros, justo es decirlo, hay de todo: los podemos encontrar que, aunque cansados, encuentran el tiempo suficiente para escucharnos.

Sin embargo, existen aquellos a los que no se les puede decir “mi vida” porque se ponen gruñones con todo mundo, en especial con la pareja.

Ciertamente, la vida conyugan no resulta tan fácil, pero existe el mejor antídoto ante la duda, la incertidumbre o el desgano: el AMOR.

Es importante elaborar planes de pareja en común. Además, ¿pueden los hijos limitar la felicidad de las personas? Son importantes, de acuerdo, pero no lo son todo. Si así fuera, ¿dónde estaríamos? La respuesta a nuestra pareja podría ser: "nuestro matrimonio no se hubiera consolidado porque yo te conocí sin hijos. Me gustó de ti tu carácter fuerte y emprendedor, sin miedo al presente y mucho menos al futuro.”

Esto es lo importante. La relación de pareja debe darse en un solo sentido, y éste es el de la buena voluntad, la sana comunicación y el respeto pleno entre dos personas que se AMAN.

El hecho de que una familia no desee o no pueda tener hijos no es el fin del mundo. Por el contrario, se experimenta más libertad en todos los sentidos, del físico al sexual, pasando por el respeto a la otra persona. Si se optó por el matrimonio, sea civil o religioso, éste se considera casi sagrado, romántico como él solo y lleno de dedicación hacia la pareja. El compromiso adquirido se refleja en el aspecto económico, social y conyugal.

Lo peor que puede hacer la pareja es discutir.

Pelear conlleva ese dolor que hace que nos guardemos las cosas, que callemos por miedo a ser ridiculizados, a la respuesta irónica, y en muchas ocasiones mal intencionada, con saña o hasta con veneno.

Las discusiones desencadenan esos sentimientos. Los contienen hasta un punto tal donde ya no se habla de forma INTELIGENTE. Es decir, las ideas dejan de ser comprensibles para ambos, y se vociferan una serie de calumnias, insultos y chantajes que tienen como única respuesta el SARCASMO del otro, sin importar si hay gente a nuestro alrededor.

Es aquí donde deberíamos darnos cuenta de que las discusiones y las peleas no sirven para nada en un matrimonio. Es simple: la pareja NO SE ESCUCHA e inclusive, como antes dijimos, se ridiculiza al otro. Entonces la agresión física sigue a la verbal. Debido a esto, es importante que sepamos decir lo que queremos, pero igual de vital resulta CÓMO LO VAMOS A DECIR.

Esto sucede en parejas que son similares, es decir, que tienen una escolaridad, educación, formación religiosa y económica muy parecidas. Cuando una pareja que es diametralmente opuesta trata de hablar sobre el tema, las consecuencias suelen ser desastrosas.

El AMOR es lo único realmente trascendente en la esencia humana. De ahí la importancia por hablar sobre formalizar el concepto de familia. Si no se habla con serenidad, dejando a un lado actitudes egoístas y sintiendo la verdadera trascendencia del amor, no será posible construir ese puente de COMUNIÓN que debe existir entre las personas, sobre todo en aquellas que se aman.

La importancia del amor

Decir lo que pensamos o queremos debe ser la forma más simple de decir **te quiero**. Tratemos de DARNOS esa maravillosa oportunidad de compartir nuevas experiencias. El dinero, las responsabilidades, el tiempo e inclusive las limitaciones se aprecian de forma diferente. Si nos concretáramos a formalizar nuestras responsabilidades con base en el dinero o en el tiempo, no haríamos absolutamente nada en la vida.

En este caso, la esencia humana, el AMOR, habrá desaparecido para dar paso a la supuesta COMODIDAD que ofrece la vida moderna. Eso se llama EGOÍSMO.

Cualquier asunto que ataña a la pareja habrá de ventilarse siempre de la manera más honesta y sensible de sea posible. La infertilidad no es la excepción. Se debe hacer el esfuerzo de modificar las actitudes, sin sacar a relucir rencores que debieron haber quedado superados desde hace tiempo. Además, evitemos siempre SIN IMPORTAR el momento volvernos agresivos, hirientes o groseros.

La educación es el principio MORAL básico que ha perdido nuestra sociedad. Demos un vistazo por doquier. La gente es grosera, burda, carece de la mínima educación y lo mismo estornudan a todo pulmón sin cubrirse la nariz, que van por las calles maldiciendo a todo el mundo (como si la culpa de sus frustraciones la tuviéramos las demás persona).

En el caso de la infertilidad, poco vale reconocer que la culpa es de los dos. Finalmente el daño está hecho. ¿Qué se puede hacer?

Bien es cierto que el amor que se profesa una pareja debe ser sin restricciones, limitantes ni obstáculos.

La decisión de tener hijos es importante. La mayoría de las parejas lo sabemos, pero *no debe ser* la parte esencial en el desarrollo entre un hombre y una mujer que se aman.

El hecho de no relajarse, de no saber disfrutar el momento, nos lleva a experimentar sentimientos de impotencia, aunque en realidad no lo sean.

Contar con la presencia de la persona amada nos tranquiliza, nos da serenidad y nos consuela. Lo importante es sabernos acompañadas. Sobre todo si vivimos momentos de angustia, de dolor o de incertidumbre.

Trate de revivir los buenos momentos de su vida. Sea positiva y dé otro enfoque a los malos momentos. Ciertamente nada es para siempre y sin duda alcanzará la serenidad, fortaleza y ánimo que requieren los dos.

No se deje abatir, es urgente encontrar una solución a los problemas, a las penas, al sufrimiento. No se merecen estancarse en el DOLOR.

De ahí que sea indispensable que estemos tranquilas, que nuestro compañero se solidarice con nosotras en todo momento y que juntos marchemos por la vida.

CAPÍTULO II

EL APRENDIZAJE DEL FRACASO

La crisis puede destruir su relación, sobre todo cuando se pasa por el duro proceso de asimilación de la imposibilidad de la paternidad. Aquí es donde se hace necesario recurrir a toda la entereza de la que seamos capaces y fortalecer la relación con AMOR.

Cuando aunado a la pena que produce la infertilidad nos encontramos con que gastamos la totalidad de los ahorros, o cuando menos buena parte de ellos, el conflicto no tarda en llegar. Sin embargo, es el momento de enfrentar con valentía nuestro caso.

Hemos visto que lo que nos pasa no es único. Existen millones de personas que pasan por situaciones iguales o cuando menos similares. No, no creemos en aquello de "mal de muchos consuelo de tontos". La razón es sencilla: nadie que experimente un dolor así puede aceptar tal aseveración.

Al contrario, se requiere de enorme fortaleza y de un valor excepcional para afrontar lo que viene. Es difícil aceptarlo por dondequiera que se le vea. Comencemos por el principio.

Una vez más... el amor

Primero hay que evaluar los daños que la crisis pudo haber producid en nuestro matrimonio. Si contamos con un compañero sensible, amoroso y que no escatima en darnos su AMOR, estamos del otro lado.

Hablando de pérdidas económicas, tarde o temprano terminaremos afrontando el costo de un intento fallido por llegar a ser padres. En tal caso, ADELANTE, con parejas de esta calidad queda poco que decir, sólo congratularnos.

Pero como la mayoría de nuestras lectoras seguramente tendrán problemas... a ellas nos dirijimos. La crisis surge porque sentimos que NO VALEMOS como mujeres, porque hemos sido incapaces de dar vida a un nuevo ser.

Sin importar el costo material, físico y emocional: no PUDIMOS. Punto. Aunque sabíamos del riesgo y de las posibilidades escasas de éxito, nuestro afán por alcanzar el triunfo nos venció.

No se cumplieron los deseos por largo tiempo mantenidos ni nuestras hermosas ilusiones. Estamos conscientes de ello. Sin embargo, también aceptamos que hay un presente y un mañana que nos aguardan. No es que el mañana se refiera a lo que va a suceder dentro de 10 años, sino al que nos forjamos y que esperamos que sea INMEDIATO.

Fracasamos porque desperdiciamos nuestra esencia vital. No solidificamos nuestras experiencias, por lo que caen a cada momento y nos empeñamos en volverlas a la levantar. Reciclamos el fracaso de mil formas.

Una de las maneras de ganarle al fracaso consiste en vivir para la vida, no para la muerte. Esto se nos presenta de mil formas, no sólo con la desaparición física de las personas.

No nos referimos a "echarle ganas", sino de ir más allá. Se trata de trascender el dolor, la culpa, la desesperanza y encontrarnos en ese paraje maravilloso donde sabemos que todos podemos verlo, pero que no pertenece a nadie.

¿Por qué vivir en el fracaso?

Nadie puede adjudicarse la propiedad del Infierno. ¿O sí? Entonces ¿por qué empeñarse en vivir en condominio (o condemonio) en él? ¿Por qué nos cuesta tanto trabajo encontrarnos a nosotros mismos? ¿Dónde quedó el diálogo con la vida, con los amigos, con el AMOR, con el PERDÓN, con el ÉXITO sobre el fracaso?... ¿dónde?

En la actualidad, la desorientada humanidad está sedienta de compasión y de paz. Urge una renovación espiritual, si es que no deseamos permanecer en el fracaso por el resto de nuestras vidas. Hemos llegado a la aberrante aceptación de ponderar, de exaltar lo malo, lo pernicioso, lo frustrante. Pareciera que esto representa lo único válido en la vida.

Perdimos el sentido, nos cubrió lo burdo, lo inútil, lo cruel. Así nos empeñamos en seguir. Caos y mal se empeñan en anidar en nuestro espíritu, cuando ya intentamos todo y no obtuvimos los resultados que deseábamos para llegar a ser madres.

Enfrentamos el sufrimiento, el dolor, la angustia, el odio y hasta la soledad frente a la pérdida que significó la imposibilidad del embarazo. Lo peor del caso es que ni de nuestra propia pareja, del amado compañero, nos acordamos.

Se asienta la miseria espiritual, el vacío infinito, la búsqueda a tontas y a locas, sin rumbo, sin dirección y sin brújula. Nos hundimos en el mar del tormento, de la inmadurez, de la soledad.

Nos aventuramos a lo desconocido exponiendo todo lo que tenemos a mano. Arriesgamos mucho más de lo que poseemos. Jugamos a la "ruleta rusa", y entre ese marasmo de confusiones implicamos a los demás: a esas personas que nos aman y que sufren por la pérdida de una ilusión, mas no de la esperanza. Sin embargo, se sienten mal por vernos abatidas, desmoralizadas.

Se presentan las experiencias esclavizantes, aquellas que nos atan de pies y manos, que nos sellan la boca; sólo gemimos, sólo lloramos. Creemos estar agotadas por el cansancio. Por eso somos esclavas del sufrimiento.

No hay experiencias liberadoras ni la firme intención por salir adelante. Se dificulta el reconocimiento del hecho de que lo que nos pasó, es eso, un mal trance que debe superarse porque existen alternativas de AMOR para ofrecer a los demás.

La búsqueda personal se atora en la cotidianeidad. No salimos de la cueva porque nos asusta el mundo exterior, tememos a la oscuridad. Evadimos la responsabilidad de nuestro futuro, al igual que la del presente. Perdemos, insistimos, la brújula. El "hoyo negro" de la incertidumbre y del peligro nos traga poco a poco.

No nos controlamos a nosotras mismas porque dejamos que el fracaso gane terreno. Perdemos rápidamente nuestro ser y eso cuesta mucho.

Cuando no nos conocemos, caemos en excesos. Frente al dolor, nuestra mente está completamente nublada, confundida, atarantada. El pensamiento no es claro ni lúcido. Por tanto, no podemos pensar en sanar. ¿Cómo descubriremos la verdadera naturaleza interior si nos obligamos a permanecer en el fracaso?

La voluntad en acción

Cuando estamos a solas, sin que nadie nos moleste, en el momento en que no escuchamos ni el mínimo ruido, somos incapaces de analizar la tranquilidad. No decimos: "la tranquilidad es el estado por el cual , la, la, la, la , la...", tan sólo la sentimos, la disfrutamos e inclusive la compartimos.

Lo peor del caso es que perdemos nuestra VOLUNTAD. ¿Por qué? Porque la voluntad alimenta a las personas de buen juicio y de razón. La voluntad es única. Es la llave que le dará la facultad de MOVIMIENTO y moverse significa vivir.

No es posible que alguien viva si se la pasa vegetando, si únicamente mastica su malestar, como las vacas o los toros. De hecho, la expresión "buey" tiene esa connotación. "No seas buey", se acostumbre decir a quien permanece pasmado.

Cuando vivimos en el fracaso del dolor, no nos vemos a nosotras mismas. Esto resulta bastante peligroso, queridos lectores, porque al no interiorizarnos perdemos lo más sagrado que tenemos: el alma y el espíritu.

"Pensar con el corazón" es una oración que podría calificarse de tonta. ¡Cómo alguien va a "pensar" con el corazón, si para ello tiene el cerebro! ¡Qué estupidez! No es cierto, ya que se piensa con el cerebro pero se ejecuta lo pensado con el corazón, con la voluntad, con el alma.

Voluntad significa pensamiento en acción con corazón de por medio. La voluntad mueve, el pensamiento concreta, el corazón pule lo movido y lo concreto.

La voluntad y el pensamiento con el corazón son formas de energía que dimensionan de forma diferente las preocupaciones. Muchas personas le denominan actitud positiva. Preferimos nombrarlas como voluntad y pensamiento con el corazón.

El momento de la crisis

Somos los responsables de nuestra vida en este momento. Lo somos del futuro, pero sin presente no habrá un mañana. Si nuestra vida es un fracaso, las esperanzas de tener un futuro mejor se desvanecerán, porque nos sumiremos en la inmovilidad, en lo abstracto. El corazón no podrá modificar eso.

Es en el amor en donde nacen los verdaderos valores, no en el dolor, el sufrimiento, ni mucho menos la frustración. La pérdida de un ser amado no nos RESTA nada. Por el contrario, SUMA, y mucho, a la propia estima, a los buenos corazones. Es a través de la pérdida física que surgen los auténticos valores espirituales.

¿Qué hay mejor para dar a los demás, si no es la propia persona? Eso, eso es lo que la hace valiosa para su familia, compañero y ante sí misma. Del fracaso nada tememos, puesto que se nos ha rebelado.

El fracaso se manifiesta de diversas formas. De éstas, la crisis es la más socorrida. Llega cuando menos la esperamos. Aunque los matrimonios tengan hijos, una situación económica estable y más o menos se lleven bien, el cuadro se complica cuando la pareja es infértil.

El compañero, sometido por igual a la fuerte presión de no poder ser padre, se vuelve exasperante. Aquel esposo amoroso, comprensivo y tierno poco a poco va cediendo su lugar al hombre indiferente, frío, calculador y egoísta.

La gran crisis apenas comienza. La pareja requiere de aguda atención para salir adelante. Cuando estamos derrotados o pesimistas, perdemos nuetras objetividad, por lo que solemos pasar por alto los pequeños detalles. Ya no se dan los buenos días ni las gracias; pierden la atención cuando hablan y se muestran inquietos, nerviosos. Además, ponen el radio o la televisión mucho más fuerte de lo acostumbrado, y no tardan en entregarse al consumo de bebidas embriagantes o a fumar con desesperación.

¿Qué sucedió? Eso. Que no se prestó atención a la otra persona. Cuando una mujer acaba de dar a luz a su hijo, todas las atenciones, los cuidados y los halagos son para ella. El centro de atención son la mujer y su pequeño.

Sin embargo, pocas son las personas que en realidad consideran la llegada del recién nacido como un miembro más del matrimonio, ahora constituido en familia. Así, le dan a cada persona de esa familia el lugar que le corresponde.

Las crisis que el fracaso provoca pueden acrecentarse por el hecho de que a la pérdida de esperanzas de la pareja, se suma el derroche de los ahorros de años. No es raro haber recurrido a préstamos en el trabajo, con los amigos o la familia. En ocasiones, para colmo de males, él está a punto de quedarse sin empleo.

No estará lejano el momento en el que el esposo llegue a casa y usted en su apatía no haya hecho nada, ni siquiera la comida. No es que tenga que hacerlo, puesto que no se trata de servir a los hombres como si fuéramos sus esclavas, sino porque los papeles, las responsabilidades, los derechos y las obligaciones recaen en partes iguales en el matrimonio.

Llega aquél con que no le dieron siempre el aumento que había solicitado. Aunque dice que no importa, que ya llegará el momento, lo cierto es que por dentro está rumiando su malestar. Se ha activado una bomba de tiempo.

Entonces pasamos a la siguiente etapa, la de la inspección. No hay jabón en el baño, el papel sanitario se acabó y ya es tarde para salir a conseguir alguno. La manda pedir uno con la vecina.

De tanto llorar tiene los ojos hinchados y la nariz roja. Le cuesta trabajo caminar. Su aspecto es una facha y él se tumba desmoralizado en el sofá que estrenaron haciendo el amor. Su vida ha cambiado.

Lo pone al tanto de los incidentes del día. Antes de que pruebe bocado le dice que se sobregiró en su tarjeta de crédito, que tiene hasta mañana para saldar la cuenta, si no quiere pagar intereses. ¡Ooops!, la bomba estalló.

Ahora sí comienzan las recriminaciones, el tono de voz empieza a subir, el aire se pone tenso, irrespirable. Usted comienza de nuevo a llorar. No lo hubiera hecho, ya que pocas cosas irritan y desquician tanto a un hombre como vernos llorar.

Empiezan las recriminaciones y los gritos. Los amorosos esposos quedaron en la pared, en ese cuadro que mudo atestigua una verdadera batalla campal. Se comienzan a insultar; no tardan en llegar términos tan salvajes como "impotente", "infértil", o "poca mujer" o "poco hombre". De aquí a los golpes no queda mucho espacio.

Además, por naturaleza, la primera reacción de los hombres ante un problema es huir de él para ganar tiempo y pensar en la forma de solucionarlo. Tiene la idea de que al escapar se solucionarán los problemas como por arte de magia.

Nosotras en cambio deseamos resolverlo de inmediato y hablando. Lo malo es que tendemos a pensar que esa reacción masculina obedece a causas superiores a ellos, no al hecho de querer evadir su responsabilidad. Aunque claro, siempre hay excepciones.

No se vale. No hay nada que justifique la violencia al interior del hogar, no importa lo que haya sucedido. No podemos descargar toda nuestra frustración, ira y temor en el cónyugue.

No se deje abatir

La primera regla de oro de las parejas es un ¡NO! rotundo a la violencia. No es posible permitir el desquite entre compañeros. Sin embargo, es tan grande el grado de frustración que se experimenta, que se vuelve necesario acabar en esto. No lo justificamos, lo entendemos. Pero resulta incorrecto ver en la otra persona al culpable de todas nuestras desgracias.

Todas estas incidencias afectarán NECESARIAMENTE el comportamiento del matrimonio y dimensionan los problemas, sinsabores y frustraciones. ¿Qué hacer entonces?: sacar provecho de la crisis.

Si empezamos por aceptar que pase lo que pase ya no podemos estar peor de como estamos, ya habremos dado un primer paso. A esto se le conoce con el nombre de optimismo.

Si las deudas se vuelven de tal magnitud que es necesario vender tu automóvil, u otro objeto de valor, ¡adelante! Podrán recuperarse antes de lo que se imaginan. Lo importante es comenzar a RESOLVER los problemas. Siempre hay un presente, en el que existen prioridades. La salud es la prioridad, no importa lo demás. Es imposible gozar del trabajo o tener prosperidad si se llevan a cuestas los problemas de salud del compañero. En poco tiempo la salud de él se verá minada. Si existe el riesgo de perder el empleo estando sano, imagínese si estuviera enfermo.

Sabemos que se experimentan sentimientos muy profundos de recelo u odio contra el médico y toda la ciencia, pero es necesario superarlo. Si bien es cierto que existen charlatanes que se aprovechan de las ilusiones de las parejas para exprimirles el mayor dinero posible, también hay profesionales honestos y que dan su mejor esfuerzo por el bien de la pareja.

No es posible adivinar el futuro de los matrimonios. Sin embargo, lo que es más importante, se puede prever la calidad de vida que queremos, con quiénes la compartiremos y qué deseamos para nosotros mismos.

Los médicos no son magos. Mal hacemos en depositar todas nuestras esperanzas en ellos. En el mejor de los casos, podrán estudiar sesudamente el caso, pero jamás se involucrarán con nuestra situación, por más que les lloremos o supliquemos de rodillas.

La superación de la crisis sólo le corresponde a la pareja. Usted no es la única que requiere de atención, cuidado y hasta apapacho. Su pareja está igual de desilusionada. Si está deprimida, malhumorada, frustrada, ¿quién le va a dar ánimos? ¿No creemos que una persona así?

No tardará en poner un pie fuera de la casa, y créanos que lo hará...

Debido al estrés, las mujeres estamos cansadas,

abatidas, irritables y retraídas. Por eso perdemos el interés por las relaciones sexuales. Más aún si sabemos que no podemos ser madres.

Entonces una pregunta surge de lo más profundo de nuestro ser: ¿para qué tenerlas? Es verdad que el placer y la relajación que cada encuentro nos deja es único. Sin embargo, ¿se puede disfrutar de la vida si cargamos con ese sentimiento de culpa o cuando menos de responsabilidad?

En muchas de nosotras no es tan sencillo. En ocasiones el periodo que llamamos de "duelo" llega a durar bastante tiempo, incluso años. Durante éste, no se tiene ninguna respuesta sexual.

Si a ello le agregamos que sólo nosotras menstruamos y sufrimos la menopausia (además de la desigualdad social en que viven muchas mujeres en el mundo y la constante competencia por sobresalir en el trabajo), el agotamiento y desinterés acaban con nosotras.

Frente al sentimiento de pérdida, de INCAPACIDAD, de la pareja para ser padres, buscamos refugio en el trabajo. Se piden más responsabilidades, se asumen más compromisos, por lo que se descansa menos y la tensión aumenta. Unan vez más, ¡cuidado! Una bomba de tiempo está activada.

Estos estadios de estrés modifican nuestra reacción corporal. Nos duele la cabeza sin razón aparente, se interrumpen o alteran los ciclos menstruales y, por lo general, somos incapaces de decansar, porque existe una disfunción. El cuerpo no puede recuperarse.

Si a lo anterior le sumamos que el llanto es continuo, entonces resultaría que no somos una buena pareja para el esposo. El problema no es éste, sino que se nos deje de tomar en serio, que se minimicen nuestros malestares o seamos víctimas del ridículo por experimentar el dolor de esta forma.

Cómo comenzar a trascender el problema

Quien nos vea pensaría que somos unas perfectas FRACASADAS.

También se aprende del fracaso. Es el momento de sacarle el mayor provecho posible. Un antídoto que nunca falta ante los problemas de la vida es la risa, el sentido del humor. No existe mayor defensa del organismo ante las depresiones, la frustración y la rabia más que sonreír.

El hecho de reírse y pasar (no TRATAR, sino P-A-S-A-R) un momento tranquilos, sonrientes, de buen humor garantizará buenos resultados frente al sentimiento de pérdida que experimenta el matrimonio.

Distraerse es una buen recurso frente a los problemas. "Cortar flores para el alma", que equivale a ir de compras; viajar; conocer gente diferente; regresar a la escuela; estudiar una maestría, un doctorado, o la primaria nocturna; servir de voluntarios en alguna casa-cuna, en la beneficencia..., donde sea.

La clave radica en permanecer el mayor tiempo ocupadas, pero eso no significa mantenerse aislados o ajenos a lo que pasa. La vida tiene un movimiento, NADIE PUEDE DETENERLO.

Los estados alterados, la neurosis, deben permanecer alejados de la vida de la pareja. Incluso nos atreveríamos a ir más allá. Haga de lado a aquellas personas que no le aporten a usted y a su pareja nada bueno a su relación. Nos rodea mucha gente que en realidad no conocemos y que se solaza con el dolor ajeno. A ellos es mejor ignorarlos y de plano apartarlos de nuestras vidas, de nuestro hogar.

El hogar debe ser eso: un hogar. No debe existir un espacio más sagrado que éste. Es el refugio de cualquier malestar. Es la puerta de entrada a los anhelos, a los buenos sentimientos, al BIENESTAR. En ningún otro lugar se puede experimentar la paz y seguridad si no es el hogar.

El hogar da sentido de unidad a la pareja. Dos personas que tengan una relación de amor no se unirán plenamente si no viven juntas bajo el mismo techo. Se sienten unidos porque son capaces de animarse, de superar las peores pruebas de la vida.

Es en la frustración, en el FRACASO, cuando se valora lo que se tiene: compañero, hogar, familia, amigos, inclusive lo perdido. Pero poseemos la suficiente capacidad para conocer que no debemos vivir en el DOLOR.

Ahora, es casi seguro que se tenga más tiempo para conversar, para recuperar el gusto por la cosas simples, por recuperar el bienestar, la alegría y el optimismo. Es el momento en el que nos volvemos a reencontrar, sólo que ahora más fortalecidos, más unidos no por el FRACASO, sino por el AMOR que le tenemos a nuestra pareja.

Es en ese sofá que recuerda nuestros primeros días de pareja donde nos encontramos de nuevo en la confianza plena, en el gusto y el disfrute de la compañía de nuestra pareja. En el mutuo apoyo, el matrimonio encuentra las soluciones a sus problemas, que no dude que todas las parejas tienen.

Una crisis no tiene por qué destruir un matrimonio, no tiene por qué alejar a las personas. Nunca como ahora se hace indispensable recurrir a todo con tal de preservar la familia. No escatimemos los buenos momentos. Salgamos adelante reconociéndonos como seres valiosos, apoyando al esposo y asumiendo una actitud diferente frente al fracaso.

Ante la vida, la mejor actitud; “en las buenas y en las malas”. No se puede ser una persona en la bonanza y otra en la desventura. Eso lo debemos entender todos, pero empezando por nosotras mismas.

La confianza, la alegría, el entusiasmo, la fortaleza de carácter y la voluntad pueden superar cualquier crisis, por dura que ésta sea. No escatime, bríndelo a manos llenas. Sin embargo, para hacerlo primero hay que tenerlo.

Frente a la crisis, el AMOR a la tolerancia es una de las llaves contra cualquier malestar. La buena voluntad es imprescindible. Sin ella estaríamos condenadas a repetir los fracasos, uno tras otro, hasta la autodestrucción.

Todo tiene su tiempo. Nada puede salirse de contexto, porque sería demasiado soberbio pensar que las cosas van a salir como lo deseamos. Muchas de ellas sí lo hacen. No obstante, más allá de lo perceptible hay poderosas fuerzas que nos ubican en nuestra realidad.

El principio de la vida

Al igual que existen esas fuerzas "ubicadoras", también se encuentran la más poderosa de todas ellas. La volveremos a mencionar, porque jamás nos cansaremos de repetirlo: el principio de la vida, de las cosas buenas y de los verdaderos valores es el AMOR.

No se trata de un exceso de sentimiento. Más bien, sería una deficiencia COLECTIVA por empeñarnos en vivir en lo oscuro, en las penumbras del dolor, de la crisis, del desamparo, de la apatía. Debemos cambiar y luego hacerles sentir a nuestras parejas que JUNTOS saldremos adelante.

Sin importar el dolor que hayamos experimentado, si permanecemos UNIDOS sortearemos todo tipo de dificultades. Créanos: no hay palabra más poderosa que la del AMOR.

El enemigo público número uno de la humanidad es el rencor, el odio, la guerra. Cuando pasamos por un mal momento (sólo eso, un MOMENTO), se nos llena el alma y el corazón de estas malas pasiones.

Curiosamente, resulta más fácil vivir en el desamor que educarnos en él. Muchas personas que han compartido sus experiencias negativas de infertilidad se acercan llenas de rencor contra la vida, contra el médico y contra el esposo.

De sus labios no salen más que veneno, insultos y desgracias. Están enfermando. Mas no se dan cuenta. Al menor indicio de reflexión, de legítimo deseo de sana y amorosa recuperación siempre se encuentra el argumento para descalificar.

"¡Tú qué vas a saber de esto si ni siquiera eres madre!", "¡Claro, como a ti siempre te pasan cosas buenas!", "No sé por qué Dios se tuvo que ensañar conmigo de esta forma!" Siempre buscamos culpables, responsabilizamos a medio mundo y pretendemos que sean los otros los que paguen los platos rotos.

No es justo para nadie, pero menos para ellas. ¿Por qué no se dan cuenta de que dentro de sí mismas está la solución? Porque puede más el rencor que el AMOR, por difícil que parezca de explicar.

Por eso siempre aconsejamos que se revivan los buenos momentos, que se disfrute la compañía del ser amado. Si nos seguimos sintiendo mal, lloremos juntos. Descarguemos de una buena vez el alma y el corazón.

Hagámoslo, para no seguir arrastrando el peso de la desdicha a cuestas. El duelo debe ser así: un tiempo dedicado a encontrar el parámetro de nuestra felicidad, sin el cual difícilmente podríamos reconocer y valorar el verdadero camino de la VIDA.

CAPÍTULO III

LA RECONCILIACIÓN: UN NUEVO DÍA

La naturaleza nos programa de determinada manera para actuar de acuerdo a las circunstancias. Sin embargo, siempre nos ha costado trabajo enfrentar esto. Aceptarlo y concederlo significan PERDÓN.

Nada nos cuesta tanto trabajo como perdonarnos a nosotras mismas. Es un hecho que debemos sufrir todo el peso del dolor para VINDICARNOS con nuestro pasado, presente y futuro. Es como si tuviésemos que sufrir una vez tras otra para aliviar las penas.

Lo cierto es que así no vamos a ninguna parte. El desconocimiento de la dirección en que nos dirigimos o cuál camino es el que tomamos, nos PIERDE en la inmensidad de la vida.

Cuando vemos en casa los sábados por la tarde esas películas, casi heroicas, donde los protagonistas se rasgan la ropa, viven indecibles sufrimientos, se encuentran inmersos en un mundo que pareciera que fue diseñado para todos, menos para ellos, en el que hay que SUFRIR todo lo que se pueda, nos sentimos mal. Pensamos POR UN INSTANTE que quienes no se condicionan a esos comportamientos somos NOSOTROS.

Pero no hace falta más que ver esos dramones para darse cuenta de que es verdad que en el mundo hay muchas injusticias y peligros ocultos inimaginables. Vivimos en una era de alto riesgo, en la que consumimos alimentos hechos de quién sabe qué cosa, respiramos porquería y media, anhelamos imposibles...

Todas estas reflexiones llegan a nuestra mente y, al igual que tratan de anidarse, con prestancia algo dentro de nosotros nos dice que ESTAMOS BIEN, porque no nos dejamos abatir por la desgracia, la incertidumbre o el dolor.

Hace muchos años, una venerable ancianita nos dijo que lo más difícil para un ser humano es el hecho de aceptarse tal como es. Eso significaba admitir todo lo bueno y lo malo. En ese momento no comprendíamos a qué se refería.

Al igual que ustedes, mis queridos lectores, la autora también tiene sus propios problemas. Sabemos del dolor de perder a un ser querido, del estado de abandono en el que se cae cuando no es posible lograr un embarazo exitoso, de las peleas con la pareja y de los mil sinsabores que tiene la vida.

Pero cuando llevamos a cuestas todo lo malo, NUNCA alcanzamos la felicidad. Sólo lo superaremos cuando replantemos nuestros sentimientos.

A las personas se nos educa para ser profesionales exitosos, amas de casa dedicadas, buenos hijos que sabrán ser el orgullo de los padres, ciudadanos responsables, etcétera. Empero, nunca se nos ha enseñado a manejar nuestros sentimientos.

¿Significa que debemos ser duros, no mostrar dolor o, como se les dice a los varones, no llorar porque eso es de "mariquitas"? En absoluto. Curiosamente es todo lo contrario.

El aprendizaje emocional comienza en nuestra más tierna infancia. Es el punto de partida de nuestros padres en relación con cada miembro de la familia, o cuando menos eso debiera ser, ya que nunca se le toma en cuenta.

Cuando de niñas lloramos porque extraviamos la amada muñeca se nos trataba de calmar con todo tipo de palabras, incluso con amenazas. La última repuesta que podíamos recibir era un seco "ya, ya, no es para tanto".

¡¡CÓMO QUE NO!! Se trata de nuestra muñeca consentida, la más querida de todas, o tal vez la única que teníamos. Siempre se minimiza el sentimiento pensando en que las cosas pasarán por sí solas. Estamos en un error y lo estamos pagando.

Se tiene la idea, errónea por supuesto, de que al crecer, al MADURAR, sabremos "domar" los sentimientos. ¿O no se les dice a los niños, una vez más, que los HOMBRES no lloran?

El problema es que no crecemos en lo personal. De la misma forma en la que cuidamos las uñas de nuestros pies o que nos esforzamos en tener un corte de pelo pulcro, debemos cuidar nuestras emociones y sentimientos. No se trata de mostrarse fuerte si es que no lo somos ni de aparentar lo que no se es para romper en llanto en la primera oportunidad en que estemos solos.

¿A qué se debe la importancia de desarrollar las emociones y los sentimientos? A que nuestro cerebro funcionará mucho mejor si lo vamos entrenando.

Cuando se ha vivido en la desesperanza de la infertilidad, miles de monstruos, brujas y fantasmas llegan a nuestras vidas, tratando por todos los medios conocidos (y no tanto) de apoderarse de nuestro espíritu, de nuestra alma. No nos dejarán en paz por una sencilla razón, ¿quiere saber cuál es? Que nosotros la alimentamos con nuestras actitudes.

Cuando sufrimos una pena no nos damos tiempo de vivir, de VIVIR el propio duelo. Es mejor vivir que sufrir.

Se vive, no se sufre. Ésa es la diferencia. Se vive en la medida en que somos capaces de llorar, de enojarnos, de rabiar contra el mundo, incluso de sufrir. Cada individuo debería conocer su propia escala de dolor. El asunto es que NUNCA, por ningún motivo, debemos quedarnos girando en el vacío del

SUFRIMIENTO SIN PERDÓN.

Cuando no nos perdonamos, VIVIMOS en el estrés, en la angustia, en el enfado, en el desconsuelo, en el lindero del infarto o del ataque nervioso. Nos cuesta trabajo perdonar si los demás somos rencorosos, pero más si somos soberbios.

¿Cómo entonces nos vamos a perdonar? Hasta presumimos con las amigas de que tenemos un carácter "fuerte" y de que nadie nos la hace porque sabemos bien cómo cobrarla. Cuesta mucho trabajo hacer las paces, perdonar, reconciliarse consigo mismo.

Por tanto, cuando la pareja experimenta el dolor de no lograr un embarazo, de la infertilidad, es más fácil no perdonar ni aceptar las cosas tal como son.

Es un hecho ampliamente documentado que el enojo, el rencor, la agresividad y el sentimiento de CULPA se relacionan de manera estrecha con las disfunciones físicas. También se padecen todo tipo de enfermedades.

Éstas pueden ser de dolores en las articulaciones a infartos al miocardio, pasando por falta de respiración, taquicardias, disfunciones sexuales, dolores de cabeza, falta de apetito, depresiones, insomnio, alteraciones en el sistema inmunitario, irritaciones en la piel, modificaciones en las mucosas del cuerpo, infecciones e hipertensión. Además, aunque no lo crea, surgen mala vibra en el trabajo, improsperidad, poco dinero, falta de oportunidades, o de plano despidos injustificados.

Esto, desde luego, tiene una explicación. Las hormonas del estrés empiezan a crecer "como palomitas", de una forma imparable. Estas hormonas disparan el estrés.

La tensión puede volverse su propio enemigo

La presión es como los alimentos que sabemos que nos hacen daño, pero no podemos dejarlos. Existen sustancias que "intoxican" el cuerpo y que se activan por el exceso de rabia, el dolor, el miedo o el resentimiento.

Los soldados que se encuentran en un campo de batalla deben su supervivencia a los altísimos grados de estrés en el que se encuentran. No estamos diciendo que esto sea bueno, pero cuando regresan a sus países necesitan volver a SUFRIR esas experiencias, que les den esa "droga" química que su cuerpo produce.

Por eso son tan bravucones...

Lo mismo sucede con las ciudades. El tránsito es desquiciante. Las multitudes nos sacan de nuestras casillas. Cada cabeza es un mundo y se tiene una mala idea de que la gente agresiva es la triunfadora. Esa gente no sabe lo que es el perdón.

Incluso en los anuncios de empleo se especifica: "gente agresiva para proyecto de primer nivel", "ejecutivos agresivos", y así vamos por la ciudad viendo caras largas en todo mundo. ¡HASTA HAY NIÑOS QUE NO SONRÍEN!

Precisamente esos niños que no sonríen, a los que no se les enseña lo que es el PERDÓN, sufren muchas enfermedades, algunas bastante raras. La respuesta es que el sistema inmunológico se deprime y no funciona como debiera. Todo se conjuga: la tos, el catarro, la gripe, las infecciones, el malhumor. El DOLOR hace de estos niñitos sus víctimas predilectas.

Si no tuvimos éxito para quedar embarazadas, ¿debemos entonces aplicarnos el PERDÓN? Por supuesto. Lo pasado, pasado está.

Abrámonos a la reflexión sobre lo que pasó. Es importante comprender los hechos precisos, la manera en que pudimos evitarlos o solucionarlos, lo que debimos haber hecho. Pero no nos quedemos ahí. NO NOS QUEDEMOS EN EL DOLOR. No vale la pena. Nuestras parejas nos necesitan. TAMPOCO ES JUSTO para nosotras como mujeres.

Lo curioso es que parece ser que el dolor es el punto central de donde salen todas las reflexiones. Se trata de una pérdida de energía inimaginable. Resulta ocioso y hasta perverso, porque se explota algo tan personal e íntimo como los sentimientos.

Creemos por soberbia actitud que nacemos en un mundo que es nuestro, que nos pertenece y que podemos tomar de él lo que queramos, incluyendo la vida misma. Podemos permanecer por siempre en El mito de Arcadia, del que nos llegó a hablar Schopenhauer, hasta que el destino, la vida, o como deseemos llamarla, se apodere de nosotras con brusquedad y nos enseñe que nada es nuestro.

Cuando esto sucede es la vida la que nos vuelve a enseñar que el placer y la felicidad son pasajeros, ilusiones. Lo único verdadero es el dolor, el sufrimiento, la lejanía.

Bueno, con todo respeto para el señor Schopenhauer, ese pensamiento decimonónico pertenece a un pasado "romántico", donde había heroínas y "dragones". ¡Cuánto debió haber sufrido esa pobre gente!

No, hablamos de otra perspectiva de la vida. Vivimos en nuestra propia Arcadia, en Suburbia, en el mejor de los mundos posibles: en el nuestro, porque la esencia de la existencia es aquella con que nos nutrimos. No hay que alimentarla de angustia o de desesperación.

ESO DEJÉMOSLO EN EL PASADO...

¿Por qué vincular siempre la existencia al dolor y a las penas? Porque no hemos sabido llenar de POSIBILIDADES A LA FELICIDAD. De eso se trata, de posibilitar un mejor nivel de vida, posibilitar de esperanza nuestro presente, posibilitar la llegada y aceptación del PERDÓN como medio para alcanzar la felicidad.

Hay que romper con el alimento diario del mal sabor de boca; resistirse de una forma inteligente a probar la hiel de la vida; no dejar que eso, "que se nos presenta en forma de manjar", nutra nuestro organismo, nuestros sentimientos, nuestro *yo*.

Sabemos que existe dolor en el mundo. Sólo que a los necios les encanta llevárselo a la boca tres veces al día. Esto es lo que hay que cambiar y la única forma de lograrlo es a través del perdón.

Lo importante es dejar de sentirnos abandonadas. Llegamos a un punto de nuestras vidas en donde hay angustia y tensión. Por ejemplo, al salir de la consulta con el médico o la cita en el hospital para realizar los estudios.

Se nos prohíbe estar con nuestros seres queridos. Se nos despoja de manera artera de nuestra columna vertebral, de nuestro sostén. No se comprende que si estamos en buena compañía, como la que nos da el marido, pase lo que pase nos dolerá menos.

Las desgracias llegan a nuestras vidas cuando la miseria alimenta la más amarga de las pobrezas: la pobreza de espíritu. Ya señalamos que con "echarle ganas" no basta, lo reiteramos: la intención no es suficiente.

Comience a perdonar

Cuando el dolor se apodera de nuestros corazones, estamos dejando la puerta abierta para la desesperanza. Ésta ataca de raíz lo más íntimo de nuestros seres. Muchas personas a las que se les considera inteligentes aseguran que el sufrimiento está ligado a la existencia.

Esto es cierto... en parte.

¿Por qué empeñarse con vivir en el DOLOR? ¿No sería más saludable vivir en el PERDÓN, en la búsqueda sincera de la felicidad?

Un árbol, por muy hermoso que sea, necesita podarse para que dé buenos frutos y flores bellas. Un hijo esperado que no llegó a nuestra vida no significa que nunca llegará a nosotras la posibilidad de sentirnos PLENAMENTE REALIZADAS como SERES HUMANOS.

No debemos permitir que la mirada oscurecida por el dolor no nos ciegue para ver la FELICIDAD ni que nos sobrecoja el sentimiento de abandono o el de la aterradora sensación de culpa.

No nos ocultemos en la desesperanza, en la superficialidad de las cosas. No nos abandonemos a la desidia, a la culpa, a sufrir el castigo. No nos hagamos daño ni se lo hagamos a los demás.

Burlemos al dolor. No creamos que el sufrimiento es un misterioso don "patrocinado" por la divinidad que debe aceptarse y ante el cual hay que doblegarse. ESTO NO ES CIERTO, ES COMPLETAMENTE FALSO.

El perdón es una decisión inteligente, valiente, libre de egoísmo, que le traerá la paz interior. Pocas cosas en la vida llegan a tener tal repercusión en el alma como el perdón. Perdónese, perdone, haga las paces con la vida. Abra las puertas a la reconciliación, a un nuevo día, con su cuerpo, con la vida, con su pareja, con Dios...

CAPÍTULO IV

CÓMO TRASCENDER LA CULPA

El mundo en que nos tocó vivir nos obliga a reconsiderar nuestras actuales posiciones. Ahora tenemos que tomar una actitud más dinámica con relación a nuestras familias, padres, compañeros, hijos, pero sobre todo ante nosotras mismas.

Nuestro cuerpo, espíritu y mente nos exigen utilizar de la manera más provechosa posible todo el conocimiento interior. De esta manera, podremos convivir en forma sana en el presente y en los años por venir (sin angustias, sobresaltos, enfermedades ni dolor).

Habrá que estar preparadas, a fin de obtener los máximos beneficios de una buena salud EMOCIONAL. El resultado será una vida espiritual fructífera en todos los sentidos.

Muestre sus emociones

Del apoyo de nuestro COMPAÑERO y, sobre todo, de

nuestra propia actitud dependerá que salgamos adelante frente a cualquier tropiezo. En la medida en que estemos mejor adaptadas al entorno, proporcionaremos estupendos estadios de bienestar, de AMOR y de tranquilidad con la pareja.

Nuestras emociones son la parte fundamental de nuestras vidas. Es necesario reconocer que se las ha descuidado, porque erróneamente se nos ha enseñado que debemos controlar y aun eliminar nuestras emociones.

Las emociones son más que "palomitas de maíz del alma". Incluye la pérdida por muerte o por el abandono de un ser amado; la frustración en su trabajo por su condición de mujer; nuestra incontrolable violencia citadina; la difícil o inexistente comunicación con la pareja; las eternas dificultades con nuestros padres; los problemas de salud o los dolorosos casos de infertilidad en la pareja.

La acción es lo indicado. Para salir adelante es vital poner manos a la obra. No crea que una varita mágica resolverá los problemas, los estados de ánimo negativos o la depresión. Eso depende de usted.

También se hace necesario que la pareja se comprometa a salir adelante, a apoyarse mutuamente, a ser más solidarios entre sí. Es como un documento firmado para asumir compromisos comunes.

Además, es urgente crecer interiormente, adquirir seguridad, allegarse toda esa poderosa y enriquecedora fuerza que sólo las emociones podrán aportar: amarse a sí misma.

Contagie con luz nueva a todos los que le rodean y transforme el dolor en una vida rica en experiencias. Deje de lado en forma definitiva el típico: "me destruyo, soy un peligro para mí y para los demás". No hay pareja que le aguante ese paso.

Es necesario, asimismo, aceptarse como realmente se es. Hay que reconocer la verdad de las cosas y situaciones, dejando de lado ese contagioso estado de ansiedad.

Todas las personas somos únicas en nuestro comportamiento, que también forma nuestro carácter. Conocemos bien los casos de enfermedades que pasan de una generación a otra, o los de talentos heredados.

Hemos visto demasiado sufrimiento. Ya es hora de poner un alto, POR SALUD MENTAL. Empeñémonos en aliviar nuestro dolor y el del ser amado.

No heredemos conductas agresivas, dolor, frustración, por la ausencia de amor y por la indiferencia con que tratamos a los demás. Nuestros problemas son NUESTROS. Es cierto que la falta de consolidación de los ideales por tanto tiempo anhelados crea malestar.

Si ese comportamiento se alimenta de ignorancia no faltará el momento en que surga la falta de respeto en la pareja. Tarde se les hará para recriminarse por lo que están pasando.

Sin embargo, tampoco juzguemos a la ligera. No nos sorprenda que haya madres que abandonan a sus hijos por las razones que se desee, incluso por aventurarse en un desliz. No somos nadie para señalarlas.

Si le satisface, reencuéntrese con su religión. No se trata de vestirse el hábito por el resto de nuestras vidas, o de prohibirnos la oportunidad de ser felices.

El maravilloso cuerpo humano es único en cuerpo y alma. Somos como nos perciben los demás. Para que podamos ser alguien, se conjugan tres fuerzas: CUERPO, MENTE Y ESPÍRITU.

Las experiencias de la vida nos forman un carácter. Tal vez exista rechazo o aceptación, pero es innegable que la vida debe depender del amor a uno mismo. Lo que importa, y en lo que definitivamente debemos interesarnos, es en conocer A LA PERSONA, a aquella que se encuentra dentro de nosotras.

Frente al dolor por un estado de pérdida, ha llegado el momento de enfrentarnos con nuestro ser interno y de asumir que no nos aceptamos porque nos consideramos indignas de alcanzar la felicidad plena. Creemos que somos SERES HUMANOS, con todos sus errores y aciertos, pero reaccionamos como animales.

El reencuentro con la vida

A partir de este momento y para siempre debe

aprender a ser ASERTIVA para desechar los malos pensamientos. Dispóngase a cambiar. Es digna y merecedora de la más lúcida salud emocional, porque aprendió a soltar las cadenas que la detienen. Por primera vez reconocerá el amor que se debe a sí misma.

En efecto, debemos tener valores propios que enriquezcan nuestra existencia. Nos han enseñado que el amor a sí mismo es un vicio, casi un pecado. Se piensa que de este modo se enaltece lo malo y pernicioso de la persona.

El amor a sí mismo está ligado de manera inseparable al amor que se tenga por cualquier otro ser. En su caso, el amor a sí misma es y habrá de ser un compromiso de VIDA consigo misma y con los demás.

Los sentimientos y las actitudes que tenemos no sólo son para los otros, sino que se reflejan en la propia persona. El amor auténtico se forma de cuidado, respeto, responsabilidad y conocimiento. La recompensa de la capacidad de amar es la afirmación de la vida: felicidad, crecimiento y libertad individual.

El amor a sí misma es completamente diferente al egoísmo. Los egoístas son incapaces de amar a los demás, pero tampoco se aman a sí mismos.

Es necesario contar con un espacio en el horario para reorganizar la vida profesional, la emocional, la de pareja. Al hacerlo, podrá dedicarse a su persona, además de atender y compartir más momentos con sus seres queridos.

Desde luego, una vida así no es fácil. La reminiscencia se presenta en el momento menos oportuno. Hay momentos en que se extraña la promesa de ser madre, sobre todo cuando se ve a miles de niños por doquier.

Aproveche la oportunidad de estudiar. Además, conviene poner en práctica el contacto sincero con otras personas, de un ser humano a otro. Todos tenemos prisa, todos tenemos pendientes, todos necesitamos algo, pero es importante estrechar los lazos con nuestros semejantes.

Estamos convencidos de que lo único en lo que nos podemos distinguir es en marcar la diferencia por el amor y la comprensión que ofrezcamos a los demás, a nuestras familias, amigos, niños y, sobre todo, a nosotras mismas.

Habremos de tratar de ser mentalmente sanos e internamente equilibrados, sin importar los traspiés y aciertos de la vida. La forma de comunicarnos con los demás depende del amor incondicional para profundizar nuestro yo interno.

Descubramos que es necesario contar con un instrumento que, como seres humanos, nos guíe hacia un pleno desarrollo y funcionamiento de la vida, basándose en el conocimiento de las emociones. Ese instrumento es el AMOR.

A todos en algún momento de nuestras vidas nos

visitan los fantasmas de la soledad, de la culpa, de la frustración. La FALTA de emotividad nos lleva hacia una vida de PRIVACIONES.

El compromiso, de ahora en adelante, debe ser el desarrollo como persona inteligente, capaz de enfrentar la vida presente con éxito, al igual que con una visión muy clara y optimista del porvenir.

Sabemos que es duro, pero más necio sería volverse una mujer débil. Hay que pensar, hay que sentir que somos fuertes, alegres y. espléndidas. HAY QUE ACTUAR.

Descubramos que la vida puede ser disfrutada en su totalidad, por más obstáculos que se impongan. Usted es la clave para romper el miedo. Es su responsabilidad y de nadie más.

Cuando se comprende que salir a dar una vuelta al calor de la tarde es tan gratificante como aleccionador es posible compartirlo con los seres queridos.

Recuerde tomar unas vacaciones. El simple hecho de salir unos cuantos kilómetros de la ciudad produce un ambiente más relajado. Esto lo perciben los demás, lo que hace que sea menos propensa a la agresión, al desánimo y a la apatía.

Esta práctica permite enfrentar con seguridad emocional a la violencia, la contaminación, la fobia a salir de casa. Además, se superarán los malos momentos y se saldrá del sentimiento de duelo por el que estamos pasando. Pero también nos permite abrirnos al amor interno y recibir el de otras personas.

Acéptese y conózcase a sí misma

Vale la pena intentar todo lo que favorezca el crecimiento como persona. La satisfacción sólo depende de cada persona. Es más fácil, como hemos visto, actuar de forma negativa que pensar y sentir cómo solucionar un problema.

Cuando estamos aturdidas por el dolor o el malestar, nos transformamos. Tan sólo fíjese en su forma de hablar. Nos saboteamos. Decimos algo en tanto pensamos otra cosa. Sentimos algo y lo apagamos. Nos asustamos de nuestras emociones y nos comunicamos de igual forma, con miedo.

Nos resistimos al cambio porque no tenemos la fortaleza emocional y un verdadero aprecio hacia nosotras. Por más miedo que tengamos o inseguras que creamos estar, necesitamos encontrar una guía que nos conduzca por un camino de dignidad, respeto, paciencia, tolerancia y encuentro.

No puede haber pretextos. Si no tememos al enfrentamiento con nosotras mismas acabaremos con la inseguridad, la torpeza y el dolor. El paso más importante, recuérdelo, es ACEPTARNOS COMO SOMOS TENIENDO EN MENTE QUE TODO LO QUE DESEAMOS LO VAMOS A LOGRAR.

Una de las cosas más maravillosas que tenemos

como mujeres es que poseemos un sexto sentido al que se le denomina intuición. Lo podemos desarrollar en toda su amplitud si diariamente reconocemos en nosotras todo ese enorme caudal de energía interna que contiene la vida.

Lo importante es por lo que estamos pasando. El objetivo debe ser siempre alimentar el espíritu y las emociones con poderosos nutrientes que parten del corazón, de los buenos sentimientos, de la voluntad.

De lo que se trata es de encontrar un equilibrio entre nuestras emociones y el cuerpo, entre nuestras emociones y el mundo. Ésa es la llave para la cerradura que abre la puerta de la ARMONÍA y el amor.

Valórese. Emprenda el camino para eliminar todas las frustraciones, las dudas, las incertidumbres y los sinsabores. Lo nuevo siempre trae desconcierto y en cierta medida viene cargado con miedo. Detenernos nos causa daños permanentes. Muévase, cambie.

Al igual que sabemos que el alcohol nos hace daño y que comer en demasía crea preoblemas de salud en nuestro cuerpo, los conflictos y las discusiones sin motivo alejan a nuestras parejas, familiares y amigos. Esto nos llevará a un sentimiento de culpa del que es difícil liberarnos.

Saldremos avantes en el momento en que mejoremos la forma de interactuar con los demás, cuando se entienda que el sentido de la vida es encontrarse a sí misma para brindarse a los otros.

Muchas personas se nos acercan para decirnos que se encuentran solas. Sin embargo, el hecho de estar solas no es motivo para sentirse mal. Al contrario, representa una valiosa oportunidad para convertir algo negativo en positivo.

Mencionábamos el regreso a la iglesia a fin de hallar el diálogo interno, pero si no fuera posible puede recurrir a la meditación, que es la forma más hermosa de encontrarnos a nosotras mismas y de escuchar a Dios. Podemos tomar unos minutos al día para ir descubriendo que esta técnica nos alivia, elimina el estrés y, a la larga, nos curará de muchas molestias e incomodidades, incluyendo el dolor y la frustración.

El camino de la felicidad

No somos perfectas, nadie lo es. Fallar es una constante en la existencia humana. Las personas perfectas no existen. El verdadero significado de la vida es la perfectibilidad del ser humano con base en los valores.

Si desea la felicidad, póngase en el camino. La felicidad es un ejercicio. Como verá, en tanto se empeñe en buscar sin sentido, más rápido tropezará. Una respuesta es ponerse en el CAMINO DE SUS ANHELOS, DE SUS ASPIRACIONES Y DE SUS SUEÑOS, pero también del perdón, del éxito, de la buena cepa que representan los matrimonios que se aman.

Ponerse en el camino significa estar dispuesta a buscar la felicidad de adentro hacia afuera. Es decir, cambiar actitudes, modificar estados de ánimo que atentan contra la pareja, el matrimonio o la familia.

Si logra modificar su actitud, verá con otros ojos, escuchará a su espíritu y será más receptiva. Es más, cuando se encuentre en un estado pesimista, hasta se puede cambiar de lugar físico, con lo que encontrará otra perspectiva. En caso de depresión, la mejor cura es tomarse unas vacaciones o irse de compras.

Utilice su intuición

Ponga atención a todo lo que le rodea, en especial en sí misma. Dése un respiro. El verdadero crecimiento espiritual y emocional radica precisamente en la capacidad de amarse. Permita que el amor aflore de lo más íntimo de su ser.

El contacto físico tiende a disminuir porque las personas cada vez se alejan más. Muchos factores propician esto, por ejemplo, Internet, la televisión, etcétera.

Perdemos intuición porque decidimos vivir en la amargura. Recordemos que al hablar de intuición nos referimos al "sexto sentido".

La intuición es más poderosa que las tinieblas del inconsciente. Posee un brillo capaz de deslumbrar y opacar la más lóbrega región del alma.

La intuición está formada por un cúmulo de sensaciones obtenidas de manera consciente e inconsciente a través de nuestros sentidos, de nuestras experiencias, de lo bueno y lo malo que nos pudo haber pasado.

Estas sensaciones son las que nos llevan a desarrollar un sentido adicional que complementa integralmente a los demás. Hay que aprender a reconocerlo, ya que dará las señales necesarias para su crecimiento físico y emocional.

Por lo general, es difícil darle nombre a lo que nos pasa. No sabemos cómo describirlo o de qué manera denominarlo. Sin embargo, allí está, y se encontrará más fuerte en la medida en que lo ejercitemos.

La gente exitosa en su vida (desde luego, no nos referimos al dinero o al poder) suele practicar con buenos resultados su intuición. Ésta no es magia. Tan sólo se trata de atender las señales que llaman a los otros sentidos y organizarlas para nuestro propio provecho.

Las mujeres somos más intuitivas que los hombres. Nos han educado para poner atención a todo lo que se relaciona con los sentimientos.

A estas alturas, sabrá de dónde viene y a dónde va. Hablamos de descubrir su personalidad, pero con criterio.

Cada ser humano posee características únicas. Su ser y vida jamás serán igualados ni imitados. Su esencia la forman tres fuerzas: el cuerpo, la mente y el espíritu.

Cada persona se distingue de otras en su estructura y en su conducta. No existe duplicado. Si los hechos no se repiten, mucho menos las personas, aunque en algunos casos llegan a ser muy semejantes.

Los seres humanos mantenemos nuestra libertad de elección y de instinto. Los animales y las plantas envejecen en su propio destino biológico natural.

Lo grandioso del ser humano es la capacidad de elección. Elegimos una vida sana, el amor, una buena actitud ante la vida. Entonces es cuestión de reeducarnos para darle un nuevo significado a la esencia humana que, desde luego, debe partir de lo más íntimo de nosotras.

Aunque pasemos por una serie de vívidas experiencias, en las que a veces el agobio nos enfrente a las sombras de la oscuridad y, sobre todo, a la angustia, será necesario transitar por estos caminos para llegar al sendero de luz y amor que sólo lo universal puede ordenar.

La relación entre el todo que es nuestro cuerpo y el todo que es el universo es vital por ser única. Esta relación favorece la aparición de periodos, ritmos y ciclos, pero es igual de importante estar sincronizados con un todo.

Usted sabe de dónde viene. Es momento de comenzar a conocerse. Encuentre su camino para disfrutar de la vida. Abra el corazón. Deje de ver lo malo. En lugar de sufrir la contaminación, observe las flores de los parques. Escuche a su espíritu. Él le dice lo mejor de usted. Aleje los ruidos y capte los sonidos del amor.

Ejercite su intuición. Intuya lo que les pasa a las personas que le rodean. Podrá evitar discusiones y compartir sus alegrías. La vida será más fácil. Deje de centrarse sólo en usted.

Ante todo: ámese a sí misma

Capte la vida con todos los sentidos en tanto desarrolla ideas creativas, fortalece actitudes y da forma y pone en práctica el autoconocimiento. Amarse a sí misma es la llave maestra para unir emociones y salir adelante.

Tenemos que amarnos, amar al entorno, a la naturaleza, a los demás. Debemos comprender que no somos un ser superior, sino una parte más de la vida terrestre. Ésta a su vez forma la existencia universal.

Una vez que entendemos que formamos parte de un todo y que muchas cosas nos forman a nosotros, armonícemos nuestra vida. Reconozca cada uno de los ingredientes. Refuerce su aprendizaje, coma bien, descanse, respire profundamente, diviértase, ame, estudie, medite, rece, haga ejercicio.

El entrenamiento de las emociones le permite razonar con claridad. Cuando sienta enojo, expréselo con ira, no con tristeza. No lo niegue y mucho menos se lo guarde. Cuando ame no se reprima, sienta cómo vibra su cuerpo. Entréguese. Cuando esté triste, llore.

El malhumor es una grave consecuencia del estrés. La irritabilidad apaga toda relación y propicia la hostilidad y la imprudencia en el hogar. Respete a quienes le rodean.

Practique el amor, la paciencia y la tolerancia con todos los pequeños y las personas mayores. Sabemos que es difícil, pero es necesario llenar de energía y de pasión su vida. Comparta con su pareja los bellos momentos que le proporciona la intimidad.

Necesita tiempo, esfuerzo y valentía. Una vez más: no es una receta mágica, se nutre de constancia, optimismo y buena voluntad.

Estamos creando una nueva forma de utilizar nuestra inteligencia y nuestras emociones. Recuerde que le conviene, porque es un método sencillo para nutrir su naturaleza interior. Entre más comprometida esté, mayores serán los resultados.

El cambio exige llegar hasta el punto final. La voluntad no admite medianía, sencillamente se tiene o no. Enfrentarse con éxito requiere educación, disciplina, vitalidad y una buena actitud.

Éstos son algunos síntomas negativos. Pensamos que algo nos falta y creemos que todo se nos dificulta. Vacilamos al tomar decisiones. Desconfiamos; la timidez hace estragos en nosotras. Somos tercas y obstinadas.

Manejamos la agresión como canal de comunicación; envidiamos; somos impacientes; el miedo se apodera de nuestro espíritu porque pensamos que no llegamos a nada o que nunca terminaremos algo. Exigimos ser mimadas porque sentimos que no somos nada.

Nos consumimos en nuestro dolor...

Claro que podemos caer, pero no es lo mismo si nos aferramos a equivocados esquemas. Por supuesto que tropezaremos en el propósito. Algunas veces se sentirá abatida, cansada o frustrada; otras, apática. Levántese, importa muy poco si ha caído. La perfección o la fortaleza absoluta no existen.

Nadie en este mundo es perfecto. Somos conscientes de que sabemos aprovechar los errores. Lo que pasó, ni modo. No lo podemos modificar. Lo que venga, aún no es. El presente es la llave para abrir la cerradura de la incertidumbre.

La estrecha relación entre mente y cuerpo

Las emociones son el resultado consciente de una interacción entre las actividades de la corteza cerebral, y diversos organos y sistemas corporales que origina una gama de cambios físicos específicos.

Se han postulado varias teorías para explicar la

interrelación entre el cuerpo y mente. Las respuestas emocionales de un individuo son, no obstante, también un producto de su conocimiento y de su experiencia.

La plena realización significa respetar y apreciar a la naturaleza. Además, se fomentan las relaciones interpersonales de calidad. Ganarse el cariño y la confianza de los demás es de gran satisfacción personal.

Confiamos al expresar lo que sentimos y lo que percibimos. Somos seres capaces de llorar, al igual que de reír, con toda honestidad hacia nosotras mismas.

Se esperaba que lo peor por venir ya estaba en camino. Ésas son cosas del pasado. Ahora tenemos la capacidad de amar y ser amados.

Tal vez resulte doloroso, pero en ningún momento será dañino, si es que sabe amarse a sí misma. Vuélvase asertiva, construya con sus experiencias un carácter cada vez más sólido, pero sobre todo siéntase merecedora de lo mejor.

Ahora verá con amor a las personas que le rodean. Evite exigirles o reclamarles. En una relación sana, la amenaza es inexistente. Descalificar equivale a destruir. Al insistir, presionamos. Al comparar negativamente, descalificamos.

Somos capaces de contagiarnos de todo lo bueno de la vida y de crear una verdadera cadena de bienestar emocional. Es importante que aprendamos a entrenar nuestras emociones, puesto que son lo que nos abrirá el camino para el pensamiento racional.

Las emociones que parten de los sentidos nos ponen en contacto con nuestra realidad, nos alertan, nos empujan, nos detienen o nos alientan a tomar las decisiones de nuestra vida.

Tiene todo lo que necesita. Su vida avanza como usted lo decide. La depresión está completamente fuera de su vida, porque sabe que está basada en la discordancia del pensamiento emotivo con el racional.

Elimine de su vida la angustia y el estrés. Sabe que la vida exige tiempo, y en ocasiones demasiado. Sin embargo, todo el tiempo del mundo es poco cuando de amor se trata.

Sea honesta consigo misma y con su pareja. Es necesario que compartan sus necesidades emocionales. Vuélvanse más románticos. Aprendan a confiar el uno en el otro. Alimenten su autoestima. Siempre será mejor llevar una carga, por muy pesada que sea, entre dos que en solitario.

Decídase a ser sana mental, emocional y físicamente. No hay fuerza interna o externa que la pueda dañar, porque ha decidido aceptarse viviendo aquí y ahora.

Su vida es el presente. A lo pasado, adiós. A lo que venga, ya veremos. El presente la nutre de bellas y enriquecedoras vivencias. Su calidad de vida se basa en el hoy.

Ha decidido ser libre. Posee enormes potencialidades que le brindan la libertad de escoger a sus amigos, de escoger lo mejor para usted y su pareja. Es libre para amar incondicionalmente.

Es libre para aceptar que su presencia es momentánea. Es libre para aceptar su libertad. Ha decidido no criticarse nunca más. Ha decidido confiar plenamente en el vital proceso universal. Ha decidido aceptar a los demás.

Sea la persona que quiere ser. Sea la portadora del buen humor, y la apreciarán en todos lados. Sea un ser virtuoso. Sea la esencia misma de Dios.

CAPÍTULO V

EL VALOR: UN VALIOSO GRANO DE ARENA

El momento actual está plagado de todo tipo de presiones. Cada vez nos cuesta más trabajo satisfacer nuestras propias exigencias. En un intenso y muchas veces, por no decir casi siempre, inútil esfuerzo por alcanzar las metas propuestas, nos agotamos hasta el cansancio físico y mental. No nos queda tiempo para nada.

Con insistencia se nos exige a las mujeres adaptarnos a las circunstancias. Actualmente ya no se conoce la tranquilidad ni el gusto por los detalles. Con razón la vida moderna nos somete a un implacable y maligno estrés.

Ante dicho fenómeno, no nos queda de otra sino estar todo el tiempo malhumoradas o demasiado tensas. No hay voluntad entre las parejas, y la poca que se llega a dar se produce condicionada al egoísmo de uno de los dos.

Las consultas médicas para remediar los males ocasionados por todo tipo de corajes, angustias o miedos ascienden a enormes cantidades de dinero. Eso sin considerar la cuota social y, por supuesto, el impacto familiar.

La convivencia con una persona malencarada o irascible resulta problemática. ¿Debe ser la relación entre dos personas que decidieron vivir juntos por amor necesariamente difícil? ¿Vale la pena sufrir de manera innecesaria? ¿Fuimos educadas para vivir en el fracaso o para enfrentar con éxito al fracaso?

Los hombres y la mujeres actuamos así, porque no tenemos alternativa, no conocemos otra opción. Así fuimos educados y resultaba más conveniente para todos fingir que se resolvían los problemas.

El hogar también es educación. De ahí la importancia por APRENDER A VIVIR EN ARMONÍA y encontrar la solución a todos los malestares. Es posible convivir con INTELIGENCIA EMOCIONAL cuando se ha pasado por el viacrucis que significa para la pareja el hecho de ser infértiles.

En esto radica la importancia de trabajar en resolver de inmediato lo que involucra directamente a ambos. Es necesario y vital trabajar en su EQUILIBRIO EMOCIONAL. De esto depende que el barco de nuestra existencia navegue con éxito en el tormentoso mar de la vida.

Ninguna relación funcionará sin participación, apoyo y voluntad. Desde el punto de vista con que se quiera ver, fuimos creados completamente DIFERENTES.

Cómo enfrentar el problema

¿Somos las mujeres más emotivas que los hombres por causas fisiológicas o porque en la sociedad se ha educado al hombre para no mostrar sus emociones, excepto su enojo?

Más bien es lo segundo. Sobre todo cuando se pasa por trances como la infertilidad en la pareja. Pareciera que ellos no están interesados en hablar del tema, aunque por dentro se estén desgastando tanto como nosotras.

De manera intuitiva, algo dentro de nosotras nos dice que es necesario HABLAR, ACLARAR LA SITUACIÓN y RESOLVER EL PROBLEMA. Nuestras emociones están a "flor de piel" y rompemos en un mar de llanto.

Si se desea resolver de una buena vez por todas un problema hay que recurrir a los nobles y tiernos latidos del corazón. Ambos los tenemos.

Ante la frustración, las mujeres por lo regular REACCIONAMOS a las acciones de los demás. No ACCIONAMOS. Nos hacemos creer con ingenuidad que el estado en el que nos encontramos es responsabilidad de los demás. Culpamos a medio mundo de nuestra desgracia y nos sumimos en la desesperanza.

Sin embargo, no podemos permanecer en "alerta amarilla" todo el tiempo. No es posible pasar la vida recriminando a los demás la responsabilidad de nuestros actos o errores, mucho menos de nuestros pesares.

De hacerlo, viviríamos en el desgaste total, nuestra tolerancia acabaría completamente destrozada. Por tanto, frente a la frustración y el dolor, la solución radica en APRENDER a manejar nuestros sentimientos.

Ya no es tema digno de curiosidad que existan en la actualidad hombres que se interesan en comprender a sus mujeres.

Por fortuna, son tolerantes, tiernos y comprometidos. Se les ve tomados de la mano de su compañera. Reconocen la frustrante labor que implica atender un hogar e incluso lloran junto a su amada cuando el dolor los embarga.

Sin duda, todos buscamos el bienestar. Las mujeres nos esforzamos en su conquista, ya que sabemos que tomando conciencia de la situación también podremos apoyar al compañero en el difícil trance.

Tendemos a confundirnos aún más frente a nuestro conflicto de pareja. Aceptamos con ligereza el enfrentamiento antes que ponerle un poquito de mesura e inteligencia para limar asperezas y salir adelante.

Para ello se requiere también un poco de sensibilidad por parte de ellos.

Una señora que había gastado todos sus ahorros y no pudo quedar embarazada nos comentó que su sufrimiento se debía a la pérdida por no poder tener hijos. Mientras tanto, su esposo se lamentaba por haber invertido tanto dinero sin resultados. Ahora, decía él, sin dinero ni hijo.

En consecuencia, la tensión la agobiaba, pero no sabía cómo confrontar el dolor y la necedad de su pareja. El asunto no es cuánto daño o insatisfacciones nos haya dado nuestro hombre, sino qué tan dispuestas estamos como pareja de aceptar al otro. En asuntos del corazón, hay que esforzarse.

Si sabemos y aceptamos de antemano que todos los conflictos tienen solución, que ninguno de ellos tiene por qué convertirse en un problema, estaremos un paso adelante para reajustar y "calibrar" nuestra relación y convivencia de pareja. Asimismo, tendremos la posibilidad de reforzar su autoestima y hasta su virilidad.

Aquí surgen dos palabras que son clave en cualquier relación humana. A éstas debemos darles un valor adicional: VOLUNTAD y RESPETO.

Es bien sabido que existen parejas que viven de manera permanente en el malestar y en la irritabilidad a causa de simples contratiempos cotidianos. Decimos "simples" porque sólo se requiere atender un poquito la forma de enfrentarlos.

Cuando esa pareja se enfrenta al problema, al vacío que significa la incapacidad para tener hijos, entonces sí que surgen problemas. Miles de preguntas salen a relucir. Todas relacionadas con la imposibilidad de procreación.

Si algo llega a desquiciarlos por completo es saber que actuaron como unos tontos, aunque en realidad no haya sido así. Aunque parezca infantil, cuando el esposo sabe que vamos a tener un hijo no escatima palabras para anunciarlo con bombo y platillo a todo mundo, sobre todo a sus amigos.

Los asuntos relacionados con el sexo le duelen mucho más a un hombre que a una mujer. Siempre se la pasan compitiendo. El hecho de tener hijos, siempre da de qué hablar, según ellos.

¿Cómo pueden los hombres aceptar que eso no es importante? ¿Que el dolor que se siente no es por el qué dirán sino por nuestra condición de aspirante a madre?

Nosotras requerimos, en ese duro trance, que se nos demuestre que somos amadas. Necesitamos, además, que se nos diga constantemente que somos bellas y que nos vemos bien para ellos.

En definitiva se requiere de COMUNICACIÓN. El amor necesita todo nuestro compromiso y esfuerzo. Cualquier relación se basa en la consideración y el respeto. Sin embargo, esto no basta para sentirse bien con nuestras parejas. Sería como decir que estamos con alguien porque lo queremos, no porque lo amamos.

Entonces el problema es ése: si nos dicen que nos aman deben demostrárnoslo. Una de las formas para lograrlo consiste en comportarse como un ser AMOROSO, pero de todo corazón, sin hipocresías o condicionamientos. El amor por sí mismo no admite límites.

Una vez más, volvemos al punto en que a los hombres se les dificulta expresar sus sentimientos. Debido a esto, resulta necesario más que enseñarlos, aprender junto con ellos.

Como mujer, tiene la plena intención y el absoluto compromiso de aprender junto con su pareja a vivir esos momentos de dolor por una sencilla razón: si está con él es porque LO AMA.

Es muy claro saber cómo actuamos cuando nos llegamos a conocer, cuando nos amamos sin restricciones, si sabemos que es posible controlar nuestro malhumor y si somos capaces de automotivarnos.

El triunfo en la vida implica todo aquello que se relaciona con el corazón. La adquisición de un automóvil significa un logro en la vida, al igual que la compra de una casa. Sin embargo, también lo es la superación de obstáculos. Los problemas van sumando puntos a la relación.

Cuando hablamos del corazón nos referimos al alma, a lo bueno, a aquello que le produce una satisfacción muy especial. Esto incluye el placer por saber que actuó de acuerdo a sus principios.

En caso de embarazo, muchos hombres no soportan la presión. Las causas pueden ser muchas y muy diversas, de la falta de dinero al sentimiento de culpa por el cambio que implica la llegada de un bebé. La paternidad se vuelve un miedo, sobre todo por las implicaciones económicas, que pueden llegar a ocasionar una vida desgastante.

No vale la pena preocuparse por un dinero que sabe de antemano que jamás alcanza. Si tiene un peso, no tardará en querer dos; si tiene mil, muy pronto querrá un millón.

Hay situaciones por las que vale la pena esforzarse un poco más. Uno de los detonadores de cualquier relación es el aburrimiento que precede al dolor. Como caemos en un estado de apatía, todo nos aburre, nada nos llena.

Comenzamos a construir una vida de tedio. Ésta es una vida que condena a la muerte de la pareja. Las palabras se acaban, por temor a recordar el trago amargo, pero no se dice ni siquiera una frase de aliento.

TRATAR DE IGNORAR NO SIGNIFICA OLVIDAR...

¿Sabía que las emociones negativas persisten más tiempo en nuestro pensamiento, en nuestro cuerpo y en nuestros sentimientos, que las positivas?

Si la relación con la madre es difícil y con la suegra, mortal, solicitarles un préstamo para cubrir los gastos es un suicido. Se requiere de mucho tacto, gran sensibilidad, al igual que enorme respeto y paciencia, para trascender la situación que implica, de entrada, un conflicto.

Cuando hablamos de que las situaciones se deben enfrentar con sinceridad, ésta es consigo misma. Resulta imperativo ser sincera para detectar qué es lo que tanto nos molesta.

¿Puede existir algo más horrible y desgastante que no sentirse amadas y deseadas? Difícilmente. El problema es de rutina. Lo rutinario desgasta, aniquila, destruye.

Bueno, pero ¿sería acaso posible salir de esta rutina de pareja? Sí, siempre y cuando reconozcamos que se trata de un problema. No debemos esperar a que transcurran dos años para actuar. En la medida en que reconozcamos que existe un problema y que no lo POSTERGUEMOS, estaremos dando el paso más importante para solucionarlo.

El hecho de cerrar los ojos al conflicto que implica solventar los gastos, a la cruda realidad de no poder ser padres, al distanciamiento con el cónyugue, en nada favorece su solución. Para esto es necesario que ambos se sienten a platicar SIN PRISAS y con SINCERIDAD.

Avive la llama del amor con su pareja

Retome el camino de su sexualidad. Recuerde los buenos momentos que pasaron juntos cuando se conocieron. En aquella época eran capaces de encender hasta la misma arena.

De los besos se pasaba a la caricia y de ésta a experimentar en el cuerpo del amante. En dichas situaciones no se conoce el límite. Asimismo, no debe haber límite para el reencuentro.

Anímese. Siga el juego. No se restrinja a una recuperación dolorosa, tediosa y a medias.

Si se la pasa preocupada por lo material, la disfunción sexual los volverá presas apetitosas. Entonces conquístelo con miel, con dulzura, buen trato, comprensión y mucha alegría.

Ellos pueden aportar, además de su sentido del humor, un tiempo que sea en verdad de CALIDAD.

Una mente positiva y abierta equivale a una vida más sana porque uno de los problemas a los que se enfrenta la vida sexual es la represión interior. Es decir, creer que al hacer tal o cual cosa se falta a un principio ético o moral, sobre todo cuando se lleva a cuestas el sentimiento de pérdida.

Esto siempre es erróneo. La intimidad está en el ambiente, en el aire que respiramos, en lo que comemos. Nos unimos a esa persona también por el aspecto sexual. Éste es un buen remedio contra cualquier mal.

Es importante retomar la intimidad del hogar. En él, cada miembro posee su propio espacio y no son molestados por nadie.

La inteligencia no es una fórmula para resolver ecuaciones matemáticas de tercer grado. Es la capacidad para ADAPTARNOS a las circunstancias y lograr la FELICIDAD. De ahí la importancia que implica el conocimiento de nuestras propias emociones para superar los malos momentos de la vida.

Un punto importante de la vida humana, como hemos visto, son las relaciones sexuales. Cuando hacemos el amor, no sólo una parte de nuestro cuerpo está en juego. La piel, el oído, la vista, el gusto, el olfato, todo entra en juego para ponernos en contacto con la otra persona y con nosotras mismas. De esa forma alcanzamos la INTIMIDAD y el PLACER.

El sexo tiene que ser reconfortante. No debe usarse como la panacea ante cualquier adversidad. Tal vez en este momento nos sentimos heridas, maltratadas y hasta llenas de rencor. En estas condiciones, a veces no es posible disfrutar de algo tan bello.

Interviene todo un intercambio de energías. No existe razón en desperdiciarlas. Es necesario tener mucho cuidado con nuestro cuerpo, pero aún más con la forma en la que nos reencontramos en la intimidad con nuestras parejas.

Busque VALOR, para reencontrar su sexualidad frente a un problema de tales dimensiones. Al final, la vida sigue su curso. Nada podemos hacer por evitarlo.

Lo que debemos hacer es VIVIR en un mundo que sea nuestro, pero aceptando el dolor y la pérdida en su justa dimensión. De no hacerlo, la felicidad, ésa sí, se habrá ido para siempre.

CAPÍTULO VI

UNA LUZ GUÍA NUESTRO CAMINO

Se dice que la base de la sociedad es la familia. Esto resulta cierto en parte, pero su auténtico y sólido pilar es la pareja. Cuando dos personas están firmemente unidas, el matrimonio y la familia se vuelven indestructibles fortalezas donde los principales beneficiarios son sus integrantes.

Es en el seno familiar el lugar en que cada individuo adquiere su propia escala de valores.

Cuando se experimenta la frustración frente al dolor, las parejas se ausentan del vínculo que en un momento dado las unió. La comunicación interpersonal se pierde, al igual que la valiosa oportunidad de conocer a la otra persona.

Sólo existe una consigna: reaprender todos aquellos valores que nos permitan reintegrarnos como pareja, como verdaderos seres humanos, con capacidades únicas que impulsen una vida fructífera.

Al reaprender a activar esos valores, encontraremos la fórmula para hacer de nuestra persona, de nuestra familia, la clave para modificar malos hábitos. Desde hace mucho tiempo nos venimos quejado de haber perdido valores morales y éticos como la honestidad, la amistad, el respeto, el amor, la tolerancia y la consideración.

No basta con lamentarlo, hay que actuar. Vemos en las películas que todas las personas frustradas, que se sumen en el fracaso, cometen actos vergonzosos contra la sociedad. Se desquitan con la mujer y la hacen blanco predilecto de sus malestares.

Al escribir sobre valores en la familia y en la pareja, se habrán de considerar el bien y la moral. La ética y la moral no son lo mismo. La ética es el instrumento que impone las normas morales para el desarrollo de los seres humanos. La moral son los actos sociales adecuados a la ética.

La familia, la pareja y el matrimonio, deben aplicarse en el respeto, la decencia, el buen gusto, el orden, pero también en el perdón, la tolerancia y la consideración.

Con el paso del tiempo, el ser humano ha comprendido que es necesario educarse en lo social, a fin de transformar el instinto. Los seres humanos son gregarios por naturaleza. Se han visto en la necesidad de modificar sus comportamientos en actitudes más sensibles, más cargadas de humildad y respeto por todo lo que les rodea.

Un ejemplo claro es la coherencia que mostremos entre la forma en la que actuamos y nuestras palabras ante un hecho de dolor. VALOR es la clave. Sin él, no vamos a ninguna parte, nos estancamos y, como vimos, todo lo que permanece inmóvil termina pudriéndose.

La mayor responsabilidad que tenemos como esposos dentro del seno familiar es mostrar CASTA, CORAJE y CARÁCTER. Aunque no lleguemos a tener hijos, seguramente habrá primos, sobrinos o vecinitos que requieren para su formación de nuestro ejemplo.

De ahí que debamos tener muy en claro que el bien es el resultado de un comportamiento ético y moral. Su hermano más cercano es el compromiso con responsabilidad.

Se actúa con base en el bien cuando lo que hacemos, pensamos y decimos, es congruente con nuestra propia existencia, al igual que con el ser social. De esa forma nos comprometemos, respetando la existencia propia y ajena.

El amor, la consideración y el respeto son los conceptos que conforman cualquier escala de valores. Son lo bastante poderosos y capaces para firmarle un epitafio a la angustia, a la prisa, al miedo, al deshonor, a la violencia, la apatía y al caos.

Uno de los males del desamor consiste en que si algo ha endurecido a los padres en su relación con los hijos es precisamente su propio egoísmo como adultos.

La sensación de vivir su vida en el aquí y ahora no es congruente con su verdadera y actual esencia: la aspiración de ser padres.

Los adultos deben ser siempre el mejor ejemplo a seguir. Sin embargo, como leímos líneas arriba, no siempre sucede así. Al final son ellos quienes nos educan y forman en los valores familiares.

Cuando los tiempos son difíciles, los valores se vuelven confusos. Es muy cierto aquello que dice que "en el caos no hay error". Por doquier se habla de crisis de valores y la verdad es que lo vivimos a diario. Somos menos tolerantes, nos irritamos con más facilidad.

Pareciera que el valor está dado a través de la aceptación. Se cae en el error de responsabilizar al otro de la capacidad de ejecución, de decisión. Se le señala agrestemente cuando las cosas no salen como deseamos.

En consecuencia, el sendero a seguir es el de la honestidad en nuestros propios actos. Es decir, la claridad de los valores universales, para retomarlos en bien de la pareja.

Así, los valores universales se reducen a la existencia del individuo, a la propia vida. Quien piense que para solucionar cualquier problema debe empezar primero por los demás, está equivocado. Eso hay que cambiarlo de lo más profundo de nuestro corazón.

El valor de la amistad

La amistad es una relación sincera, cómoda, divertida. No esperas nada y recibes todo. A los amigos se les acepta tal como son. La relación entre el hombre y la mujer debe marcarse por la simpatía, por la atracción sexual, por la admiración, pero también por la amistad.

Las expectativas de amistad hacia el otro no se depositan en él. Cada individuo se muestra con sus cualidades y defectos. El otro las aceptará o las rechazará sin más conflictos. Eso sería muy cómodo, pero injusto.

En el caso de los enamorados, las expectativas tienden a ser desbordantes. Todo se exagera, todo se dimensiona, se pierde contacto con la realidad.

Mediante la amistad, se centra y se ubica cualquier relación, sobre todo entre novios, parejas, matrimonios, familiares e incluso amantes.

Se dice erróneamente que en el amor existen los cómplices. Esto no es cierto porque la complicidad implica el encubrimiento de un acto negativo. En el amor debe existir la amistad. No existe mejor termómetro para la relación de pareja que éste.

El amor a través de la amistad produce la camaradería. Significa apoyarse en los momentos difíciles en el hombro del ser amado: llorar y reconocer que un tropiezo no producirá el estancamiento del matrimonio.

La intimidad con los amigos es uno de los mejores regalos de la vida. ¡Qué importante es que sepamos que podemos contar con el apoyo de un amigo! No se reduce su presencia a la mera descarga emocional, sino al complemento de vida que en esos momentos necesitamos.

La amistad tiene el don de mostrar cómo somos a través de nuestros amigos. Una persona honorable sólo frecuenta a otras que sean igual que ella. Un buen amigo no abusa, no dice una sola palabra de los demás, guarda con celo todas las confidencias.

La amistad es uno de los dones más preciados de la vida. Podemos conocer a muchísimas personas al paso del tiempo y sólo a unas cuantas se les considerará como amigos.

El concepto de amistad va más allá de las alegres reuniones. Ésas son "pachangas" cuyo interés se limita al de la simple diversión. Cuando en el caso de la infertilidad en la pareja esa gente se entera, se llega a ser objeto de todo tipo de comentarios malintencionados.

El verdadero amigo preserva la intimidad de la pareja. El cónyuge que sabe ser amigo jamás revelará a nadie los hechos de su intimidad.

La amistad sólo puede subsistir en un ambiente de absoluta libertad. Los amigos no se hacen "sombra". Son pilares que intensifican su relación. Por eso nos permiten ver el final del túnel ante cualquier problema:

son luz que ilumina el camino.

Siempre se procurarán, se cuidarán y se ayudarán. Sabrán callar y su risa será motivo de alegría que se compartirá por la empatía, pero sobre todo por la confianza y el amor dado entre los amigos.

La pareja puede construir una buena amistad. Si bien es cierto que en el noviazgo o matrimonio nuestro mejor amigo debiera ser la pareja, otra persona puede integrarse a ellos para enriquecer la relación con su amistad.

No importa si se está casado o comprometido. Cuando existe sinceridad y honestidad, el amor se solidifica. Así, no es mal visto ni mucho menos resulta motivo de escenas de celos, el hecho de que pongamos nuestro hombro para que la amiga o el amigo recargue su cabeza cuando pase por un mal momento.

La amistad siempre es buena. Jamás exige nada a cambio.

Es cierto que la gente no le ha dado la categoría de valor a la amistad, porque tendemos a abusar de la confianza otorgada. Una de las fallas por las que la amistad, como valor moral, ha entrado en crisis se debe precisamente a ello.

Si los amigos se conmueven hasta las lágrimas por lo que le llega a pasar a alguno de ellos, por citar un ejemplo, se les considera cursis y de mal gusto. Incluso los toman como actores de vodevil.

Los amigos saben alargar las pláticas durante todo el día, hasta bien entrada la noche. De la misma manera, no ponen un límite al tiempo para que nos desahoguemos, sin importar que ya le hayamos contado mil veces lo acontecido.

La amistad se nutre de conversaciones amenas y fructíferas. Siempre se aprende de los amigos algo nuevo e interesante. Lo más rescatable es que enseñan (sin proponérselo) que la paciencia y la tolerancia son el remedio de todos los males.

La amistad entre dos personas se distingue por valores particulares. Necesita por fuerza de la espiritualidad. En su momento, se transforma todo lo oscuro. Es bueno saber que siempre tendrá la mano de un amigo que la apoyará en cualquier trance de su vida.

Por eso en el matrimonio es tan importante sentir a la pareja como el mejor amigo; que nunca juzga; que es capaz de decir las cosas con sinceridad, pero sin lastimar; que es capaz de reír y hacer reír.

Cuando en el matrimonio o en una relación se consultan consejeros prematrimoniales, se habla y se consulta de todo, menos de la amistad que debe imperar en la pareja, en el matrimonio y en la familia. Se podrán mencionar en esas sesiones el amor, el deber, el compromiso, la fidelidad, todo, menos la amistad.

Ser amigo es difícil. El caso es que por lo general, una vez superados los primeros días de la relación, se tiende al aburrimiento. Surge el silencio y se dejan de contar sus problemas o diferencias, deseos o satisfacciones.

Su compañero debe ser su mejor amigo

El problema se agudiza cuando por años no se considera que nuestro compañero pudo haber sido un gran amigo. Cada quien ha hecho de su vida lo que ha querido: él en su eterno futbol o con los amigos, pero siempre de malhumor; ella, ausente de la casa y del cuidado de unos hijos que no le reportan satisfacción alguna.

El silencio comienza a ceder paso a la ausencia emocional, que no tardará en llegar la física. Se recurre entonces a las hermanas o a las amigas porque hemos sido incapaces como hijas de aprender lo que nuestros padres debieron enseñarnos: a descubrir el valor de la amistad.

Un amigo es esa persona con quien se comparten las alegrías, las tristezas, los triunfos y los fracasos. Un amigo es aquél que la escucha sin censurala, sin prejuicios, al igual que es sensible a sus sentimientos.

Cuando las personas viven en la pesadez del tedio, del silencio y de la amargura (consecuencia del daño que ocasiona la infertilidad), tienen un pie fuera de la vida de la pareja, del matrimonio o de la familia.

La poca risa, el magro entusiasmo, tan sólo se evapora. Lo que queda de esa relación es el fastidio, la monotonía y el hartazgo. No se sale del atolladero. Todo se complica

Cualquier situación es volátil, explosiva y cargada de enormes dosis de angustia. Cualquier situación se presta a desencadenar todo tipo de problemas, sobre todo los relacionados con la esterilidad y la angustia que deja la certeza de que no podremos ser padres.

La amistad también sabe guardar silencio...

Cuando dos amigos no tienen tema de conversación, no se aburren. Se están diciendo mil cosas con el corazón porque la amistad no apremia, no MOLESTA, no irrita.

Confíe en todos y cada uno de los miembros de su familia. En lugar de buscar apoyo y amistad en otro lado, lo que desde luego también es válido, mejor centre sus esfuerzos en su gente, en su pareja. Aprenda a cultivar. SÍ, A CULTIVAR en el compañero, que al igual que nosotras necesita de un abrazo sincero, de la palabra de aliento, de la solidaridad.

Se sorprenderá al descubrir al amigo que hay en su pareja y que se reservaba para sí. La clave es el amor, la consideración y el respeto. Siempre que tengamos algún contratiempo en nuestra vida, o mejor aún, cuando estemos alegres, hagamos contacto con nuestro mejor amigo.

A todo sentimiento que mueva a la acción deseando el bien propio y ajeno hacia los demás se le considera amor. El amor no invade. Por el contrario, se posa con suavidad para establecerse en el mismo espacio, tiempo y circunstancia que los del ser amado.

El amor lo vence todo

Si existe en todo el universo una fuerza poderosa que

posea la maravillosa facultad de despertar esa serie de sentimientos tan bellos es precisamente el amor.

El amor será la única posibilidad que tengamos los seres humanos de salvarnos de los males de nuestro tiempo: la soledad, la frustración, la depresión, la angustia, el miedo, la violencia, etcétera.

Cuando vivimos en el AMOR, los seres humanos actuamos, sentimos y funcionamos en relación a nuestra madurez emocional, psíquica y espiritual, despojándonos de cualquier rasgo de egoísmo.

Para unos puede ser cariño; para otros, confianza; para los demás, tolerancia, e incluso sufrimiento y dolor. Tal vez una persona no se sienta amada si no sufre por el otro.

El amor es mucho más profundo que eso. Se traduce en el cariño que sentimos por las personas que nos rodean: el esposo, la familia y los amigos.

Es la confianza que sentimos al estar en casa. Es el respeto que brindamos y nos damos a nosotros mismos. Es la buena voluntad que debemos tener en cualquier relación o empresa. Es el buen humor con el que tendremos que relacionarnos con los demás. Significa apoyo, tolerancia, responsabilidad, sencillez y consideración. En fin, es una mezcla de todo esto.

Fundamente su relación de pareja

El amor mueve al mundo. Así de sencillo. Es el punto

central de toda relación. Se trata de un conjunto de experiencias que se nutren de palabras y de obras encaminadas al beneficio y la tranquilidad del ser amado.

El amor no se limita a las personas, sino que llega a las plantas, a los animales y al ambiente en general. A través del amor se formarán mejores ciudadanos. Por tanto, lo insistimos: la base de la sociedad no es la familia, sino la pareja.

Cuando la pareja se ama, proyecta sus buenas intenciones y acciones hacia quienes les rodean. Un matrimonio vive en la conciencia del respeto entre sí y saben que jamás se aislarán porque se reconocen como amigos, amantes y camaradas, compañeros de viaje.

El amor va mucho más allá de lo sexual instintivo y la espiritualidad. El espíritu infantil es el que sabe hacernos felices y, en muchas ocasiones, nos llega a salvar de esos momentos de peligro, de tristeza, de soledad.

Cuando el matrimonio en el amor se ve bendecido por la llegada de los hijos no puede haber perfección más espléndida. Pero si Dios, la vida o el destino no nos pudieron dar lo que anhelábamos, no tenemos por qué ponernos tristes.

El amor no puede ser el único responsable de nuestra felicidad, pero indebidamente se la adjudicamos a ella. Al igual que la felicidad, ambos necesitan del ingrediente principal: la buena voluntad. Sin ella, todo lo que hagamos no servirá de nada.

El amor sin condiciones ayuda mucho. Ante cualquier problema, el amor, la consideración y el respeto serán los valores que nos servirán para afrontar cualquier adversidad.

Esto, desde luego, también implica perdón y tolerancia sinceras. La persona que ha madurado en el amor sabe aceptar y respetar el carácter distinto de su pareja. Pero también acepta los inconvenientes de la vida con valor.

Por amor, estamos obligados a dedicarnos a nuestras tareas, a ser ordenados en nuestro interior. Por falta de amor, las dificultades que se dan entre las personas nos alejan de manera incomprensible. La malevolencia y el egoísmo son dos peligrosos enemigos.

Sin embargo, no puede haber expresión más maravillosa y educativa.

Hay algo que nos salvará SIEMPRE: el amor como valor.

Cuando el amor llega, comienza el proceso de maduración de las personas. Cada una tenderá a crecer por separado para darse al otro en una sana y fructífera relación. Ésa es la maravilla del amor: donde se posa, florece. De ahí la importancia por reeducarnos en su valor a fin de contrarrestar tantos males que nos aquejan.

El verdadero amor se vuelve amistad. Esto implica apreciarse, estimarse, desear siempre lo mejor para el otro. El amor también es dignidad.

Ante un dolor tan grande de pareja, considere lo siguiente:

1. Preste atención a lo que la otra persona diga, cuente o haga.
2. La atención es una excelente manifestación de nuestra estimación por los otros.
3. Sea siempre cortés.
4. Cuide a su compañero con cariño, de buena gana.
5. Vea sus cualidades, no sus defectos. Aprendan juntos a perdonar lo malo.

Ésas son las manifestaciones del amor como valor. De ahí que necesitemos reeducarnos para llevarlas a la práctica y recibir los beneficios de estos simples pasos. Recuerde que la voluntad en el amor es esencial, sobre todo tratándose de los valores que involucran a la familia.

El apoyo tiene mucho que ver con el amor, la consideración y el respeto. Ese apoyo está desapareciendo tan sólo porque la gente ya no cree en los demás. Está cansada de que se le tome el pelo. Cuando se apoya sin ser correspondida, se siente desilusionada.

Todos necesitamos del apoyo mutuo y solidario. Nadie escapa a los avatares de la vida.

Es absurdo pensar que existan personas tan equilibradas que desconocen lo que son los nervios o las tensiones que provoca la vida diaria, las debilidades o los conflictos.

Con apoyo solidario, se disipa el miedo y se alivia el dolor. En la "rueda de la fortuna", seremos capaces de sentir y vivir con OPTIMISMO lo que ésta nos tenga deparado.

Como se mencionó, entre el hombre y la mujer se prestan el hombro mutuamente. Ése es el apoyo; usted debe saberlo, puesto que surge desde que somos niños.

El placer de dar apoyo

Al apoyo como valor se le ha descuidado. En el infortunado caso en que un familiar, conocido o amigo enferma o fallece no sabemos qué decir ni qué hacer. En muchos casos, nos llega la demencia y fingimos no saber nada del asunto sino hasta que ya pasó todo el problema.

Ese familiar, ese conocido, ese AMIGO, necesitó de nuestra presencia, de un estremecedor y sincero abrazo o de un cálido apretón de manos. Sin embargo, a veces fallamos, no lo apoyamos.

A pesar de que no se espera nada del otro, ambos se nutrirán con todo lo que tengan, aunque sólo sea una sonrisa. El apoyo también implica la ayuda en casos de apuro económico.

Si tiene un poco más y está en posibilidad de ayudar a ese amigo que está pasando por un mal momento, hágalo. Sólo tome en cuenta esta situación a fin de comprender lo que está haciendo: considere el préstamo que concede como un obsequio, porque un amigo jamás espera el pago.

El significado de la bondad

La bondad es la calidad humana de hacer el bien. El hecho de saber cómo y hasta qué punto se produce nos arroja datos muy interesantes sobre el grado de madurez de una persona.

Si la bondad es la calidad humana por la que se llega al bien es indispensable hablar de lo que es el mal, de la culpa y de la penitencia, como la que se experimenta con la pérdida de los seres amados. Porque el hijo no nacido es el extraño desconocido que se espera con amor.

La bondad se relaciona de manera estrecha con el deber. Como seres humanos, todos estamos obligados a acatar lo que nuestro mandato interno nos exige, inspirado por fuerzas superiores. Sin embargo, por lo general no lo obedecemos.

La bondad va más allá de hacer el bien, de tenderle la mano a un amigo, de compadecernos de los miserables o de ayudar al prójimo.

La bondad tiene muchos sinónimos: humanidad, misericordia, benevolencia, piedad, caridad, generosidad, etcétera. Las perturbaciones propias de la vida limitan a los seres humanos a comportarse como simples actores en un mundo donde lo único que se considera VALIOSO no es la vida misma, sino sobrevivir.

La curación de esa enfermedad moral sólo puede darse en el conocimiento del propio individuo, escuchando con humildad y atención la voz interior que nos habla de obrar en la bondad, en el bien.

Por eso afirmamos que el valor de la bondad es uno de los ordenadores cósmicos perfectos. Todos estamos obligados a actuar en el bien, lo que significa cumplir con los destinos vitales propios de cada persona y de ayudar a los demás a alcanzar sus singulares derroteros, obrando sin maldad, sin perjudicar a nadie para lograrlo.

Es necesario entrar en plena conciencia de lo que es la bondad. A una persona que le falte el sentido de responsabilidad hacia su propio ser y en función de su entorno no habrá avanzado en su vida interior.

En lo que se refiere a la familia, la bondad es un elemento vital. ¡Cuánta importancia tiene para todos sus miembros saber que lo que se haga está encaminado a fortalecer esos corazones y a alimentar el verdadero espíritu del bien!

Sin embargo no basta que los padres obren en el bien. Se requiere que sean ellos, a través del ejemplo, quienes despierten la bondad que existe en todos los corazones.

De ahí la importancia por formar a nuestras generaciones en el valor moral y ético de la bondad.

De eso depende buena parte para obtener un mejor futuro.

Como valores sociales, el bien y la bondad deben inculcarse en todos los ciudadanos.

La bondad es uno de los valores que tanta falta nos hace y en la que debemos de reeducarnos en los albores del tercer milenio.

Permita que el buen humor se apodere de usted

El buen humor es producto del bienestar. Éste es un instrumento que muchas veces aliviana el dolor y quita el estrés. Además, nos hace sentir mejor porque previene o cura enfermedades tan terribles como la depresión y hasta el cáncer.

El buen humor actúa de forma sorprendente en el cuerpo, en la mente y en el espíritu. Cuando reímos, el cerebro libera las famosas endorfinas, que son sustancias que se relacionan con el bienestar del organismo y la buena disposición para enfrentar con éxito las actividades frustrantes.

¿Se imagina convivir con una persona malhumorada? El buen humor consiste en tener una actitud alegre frente a la vida, misma que se refleja en nuestros logros.

Cuando estamos contentos, la gente nos sigue, atraemos cosas buenas y nos rodeamos de gente positiva. Es más, hay que reír como terapia familiar.

Si cada problema que se nos presenta, no se abordara de forma ligera, que no irresponsable, podría convertirse en algo muy serio para nuestra salud emocional. Esto nos llevaría a la desintegración familiar.

Como se mencionó, el buen humor se relaciona con el bienestar. Éste no se adquiere por casualidad, es producto de un ejercicio intenso y cotidiano.

Es curioso pensar que la risa es un distintivo de cada persona. Es como su voz interna. Ésta empieza desde que somos pequeños y perdura toda nuestra vida.

La risa es exclusiva de los seres humanos. Se trata de una característica de inteligencia y de adaptación social, porque, como ya dijimos, somos seres gregarios. De la misma manera, yendo más allá, si la bondad es exigencia celestial, también lo es el buen humor.

Por lo general, el buen humor se crea en el seno familiar. Se observa en situaciones tan simples como a la hora del desayuno o al ir por el pan con la pareja.

Al estar felices, nos atrevemos a ir más allá. Somos capaces de alcanzar nuestros deseos largo tiempo mantenidos. Nos atrevemos a soñar. Nos emocionamos con sinceridad frente a la sorpresa que significa la llegada de esos padres, hijos o amigos.

Es a través del buen humor como ejercitamos una actitud de vida. Es entonces que las situaciones penosas, difíciles o tristes, y hasta las comunes, se abordan de forma menos dolorosa y tediosa.

Con buen humor todo lo malo pasa. Cualquier

situación, por difícil que sea, es transitoria. Cuando nos negamos a que suceda así, por nuestra obstinación, nos estancamos en el dolor.

Al igual que el buen humor, la buena voluntad es la base DE CUALQUIER RELACIÓN para que se establezca una sana convivencia.

Es esta buena voluntad la columna central de una relación. Sostiene nuestras acciones para interactuar con los demás. Lo que se diga o se haga no tendrá doble filo, será responsable, acertado y sano.

Resulta igualmente importante para las personas la actitud con la que nos enfrentamos al mundo, hacia los fenómenos de la vida. Es nuestro deber como seres humanos comprender que todo lo que logremos con nuestro esfuerzo se debe a la buena voluntad que hayamos puesto en ello.

Con buena voluntad es más fácil vivir. No nos complicamos la existencia ni entorpecemos la circulación de los demás. La buena voluntad es la extensión del espíritu, que le permite saber con exactitud que cualquier empresa de vida es tan grande e ilimitada, que no habrá obstáculo que se nos anteponga.

La responsabilidad que implica la relación de la pareja, del matrimonio y de la familia está dada en función de la buena voluntad que se pone.

Sin importar los problemas conyugales ni económicos, mientras exista en una sola persona una pizca de buena voluntad siempre existirá el bien.

Con buena voluntad se alcanzan objetivos superiores. Para lograrlo, se consideraron prudentemente y con enorme sentido de responsabilidad todas las consecuencias de nuestros actos. Nada es casualidad.

Con fe, la persona acepta sus retos con responsabilidad, de tal manera que es capaz de actuar en la vida con optimismo, con serenidad, con alegría.

La buena voluntad implica libertad y gozo. A través de ella, los hombres y las mujeres se convierten en seres maduros, porque su sentido de responsabilidad se manifiesta cuando lo único que se puede esperar no es otra cosa sino amor.

Cuando la familia se encuentra en un momento difícil en que se tienen todo tipo de problemas con la pareja, es necesario que entre todos los miembros de esa familia exista este importantísimo valor si se desea superar el obstáculo.

De nada servirá hablar con la pareja si no existe la buena voluntad de todas las personas implicadas cuando pasamos por momentos difíciles.

¿No es acaso la buena voluntad otro de los valores en los que necesitamos reencontrarnos? Ésta se antepone a los problemas. Es el conocimiento profundo de las cosas, de la vida, de las personas. Por ella somos capaces de seguir adelante y, de este modo, alcanzar nuestros anhelos.

Desde hace tiempo llegó el momento de despertar del

sueño de la inacción. Ya no hay motivo para seguir en la inmovilidad porque ahora sabemos lo que hay que hacer, basándose en la buena voluntad. Gracias a ella nuestro corazón no se consumirá en la desesperanza.

La buena voluntad está presente en todos los corazones del mundo, sólo es cuestión de activarla. Es necesario dar un salto enorme, desprendernos del egoísmo y, sobre todo, de la apatía que es inherente a los seres humanos.

Como valor social, la buena voluntad es esencial para que la convivencia entre los seres humanos sea divertida y próspera.

Comprométase consigo misma

Con todo, de nada valdrá la buena voluntad si no hay compromiso. Éste es otro de los elementos para que la familia supere los embates de la vida y surja vencedora frente a la crisis de infertilidad por la que está pasando.

Comprometerse significa interactuar al recibir y ceder. Es la obligación aceptada por voluntad propia. El compromiso implica obligación de quienes se comprometen.

Si hablamos de compromiso familiar, nos estamos refiriendo a que cada uno de sus integrantes es un valioso arcón de experiencias. Gracias a éstas, se establecerán las bases del deber.

La única forma en la que es posible comprometerse

es consigo misma y hacia sí misma. De usted parten todas las concesiones y las obligaciones, sobre todo tratándose de los problemas de la familia.

Es en nosotras donde comienza ese movimiento. Al movernos, circulan las responsabilidades, los deberes, el compromiso. De igual forma, se aceptan todos los derechos y privilegios.

El amor perdura a través del compromiso. Es la obligación aceptada que sentimos por los otros. Quien se compromete intenta una y otra vez, porque el corazón no se rinde a la primera.

Ésa debe ser la esencia del compromiso como valor social. Es esa actitud empeñosa hacia nuestra gente y entorno, sin desfallecer y con todo el ánimo del que seamos capaces.

Frente al dolor, se requiere sumar esfuerzos y voluntades.

Cuando existe el compromiso de dos personas por estabilizar su relación y formar una familia, se dice que es el amor el que suma sus voluntades.

Precisamente de eso se compone el compromiso: la suma de la voluntad de dos personas, el amor. Cuando las empresas de la vida se llevan a cabo con cariño, nada puede salir mal.

Aunque el compromiso parte de sí misma. En el caso de la pareja debe existir en los dos, porque finalmente éste se adquiere por su cuenta y para su propio beneficio.

Cada persona posee características, cualidades y defectos que la hacen totalmente diferente a las demás.

La confianza es sinónimo de comunicación

El compromiso es la voluntad interior por la que llegamos a ponernos de acuerdo con todo el mundo. Al convenir y cumplir con lo pactado, estamos dando un gran salto a otra característica humana: la confianza.

La comunicación debe ser el puente que una a la pareja, no que la distancie en los valores éticos y morales. El compromiso también significa honorabilidad. Ésta se hereda de hombres rectos y cabales a través de la enseñanza, de las experiencias, del dolor, pero también de la alegría, del optimismo, de la buena voluntad.

La comunicación es el diálogo sincero, con claridad y sin muchas expectativas. Es lo único que nos permite conocer y hasta amar al otro.

La comunicación es el conocimiento obtenido a través de un diálogo con que apreciamos a la otra persona.

Así, consideramos sus opiniones, respetamos nuestras diferencias y coincidimos en la tolerancia. Ambos encontramos el camino.

Es la forma en que aprendemos a estrechar lazos. Es la manera en que crecemos de adentro hacia afuera. La comunicación fortalece cualquier tipo de relación, de los desconocidos que cruzan una palabra para pedirse la hora en el metro a los amigos que se cuentan sus problemas más íntimos.

El diálogo sincero nos enriquece, dándonos la oportunidad de establecer un contacto con el exterior.

En la medida en que interactuamos con el medio, nos ponemos en acción. Esto da como resultado un puente que comunica nuestros deseos, necesidades, alegrías y fracasos con los de otras personas.

La comunicación proporciona herramientas. Éstas se conocen con el nombre de sentimientos. Mediante éstos, somos sensibles a lo que son las otras personas.

Otro instrumento en el que se apoya la comunicación es el diálogo. Cuando es sincero y respetuoso, no nos herimos.

El valor de la comunicación llega a elevarse tanto que no se limita a la palabra. Se dice mucho con el cuerpo, con las actitudes o imágenes. La comunicación implica movimiento.

Entre ellas, la actitud sobresale. Una persona que enfrenta la vida en silencio e inmovilidad, es capaz de guardar cantidades excesivas de angustia en su persona.

Aquellos seres que no se mueven, que se paralizan frente a un problema, nos están diciendo mil cosas con su actitud. Y muchos de ellos son padres...

La comunicación no sólo nos enseña a escuchar,

sino que también nos muestra que al observar consideramos al otro.

Al observar o dialogar, creamos el círculo de comunicación por excelencia: emisor-mensaje-receptor, receptor-mensaje-emisor.

La comunicación posee otra característica. Cuando hablamos, nos volvemos más maduros. Superamos nuestros miedos y convertimos todos nuestros deseos en valiosas cualidades que inciden en la familia.

La palabra representa mucho más que una imagen del mundo que deseamos forjar. El mundo se ve diferente a través de la palabra.

Es tan importante la comunicación de palabra y la de acción que se dice que los secuestradores jamás ven directamente a los ojos de sus víctimas, porque no serían capaces de cometer sus fechorías.

Es bueno establecer una comunicación divertida, familiar, pero sin herir la dignidad de los demás. De lo contrario, en lugar de tender un canal de entendimiento, se generan sentimientos de coraje y falta de respeto.

Ante la falta de comunicación, no puede haber otra salida que la del alejamiento entre los individuos, que por lo general se vuelve definitivo.

Es importante hablar y escuchar, pero la manera en que se expresan las ideas debe ser cortés. Como se mencionó, la comunicación también implica acciones, formas, modos de decirlas. Todo esto debe hacerse con sensibilidad y, en especial, con AMOR.

CAPÍTULO VII

LOS HIJOS DEL CORAZÓN

La naturaleza, en su inmensa sabiduría, nos da o nos quita a manos llenas. Para nadie es un secreto que en el mundo miles y miles de parejas desean con toda su alma tener hijos. Sin embargo, algo sucede que éstos no llegan.

El deseo por tener un bebé es inmenso. Suelen invertirse enormes cantidades de dinero, pero sobre todo de esperanza e ilusiones con el único fin de ver realizados nuestros sueños de volvernos padres.

Cuando por desgracia, todo se ha intentado, pero no se obtienen resultados, tendemos a sentirnos muy mal: desamparadas y enojadas con el mundo, con nosotras mismas, con la pareja y con la familia. Se siente ese inmenso rencor hacia todo aquello que represente la maternidad. Se vocifera contra los niños y, en ocasiones, nos volvemos personas ásperas, amargadas, además de muy frustradas.

Como es de suponer, las parejas se encuentran bastante estresadas. Los pleitos y las discusiones suceden uno tras otro. Asimismo, ya vimos que la pareja es capaz de aportar ese "algo" que falta a la relación cuando atraviesa por momentos tan difíciles como éste.

No dejaremos de insistir: cuando se trata de los buenos sentimientos en las personas y sobre todo en aquellas instancias que forman VALORES SOCIALES, como la pareja, el matrimonio y la familia, bien vale la pena "machacarlo" varias veces hasta que se nos meta en lo más profundo de nuestro corazón.

Ese ingrediente de vida, repetimos, es el AMOR. Para amar, es necesario desprenderse de lo material, del egoísmo y proyectarse tal cual hacia los demás. No se trata de quedar bien con el mundo, sino de realizarnos como seres humanos. Es difícil, ya lo vimos, enfrentarse, por un lado, con el deseo de ser padres y, por el otro, con la imposibilidad para lograrlo. Sin embargo, aún más difícil es vivir en la desquiciante soledad que muchas veces se comparte con un compañero que llega a sentirse igual o peor que nosotras.

La alternativa de la adopción

Sin embargo, no todo está perdido. Por eso hablamos sobre temas como el egoísmo y la frustración.

Porque dos personas ADULTAS, que han decidido por AMOR formar una familia y, por obra del destino, de la naturaleza, de la suerte o de Dios, no han podido, siempre tienen un recurso, que es la salvación de millones de personas en el mundo: la adopción.

A través de la adopción, los deseos se cumplen, se satisfacen y se realizan con base en el AMOR. Éste se lo daremos no a un desconocido, sino a un maravilloso ser humano que decidió, sí, decidió, elegirnos como sus padres.

La vida nos lleva por esos caminos en que no sabemos hacia dónde vamos. Sin embargo, inevitablemente llegaremos a algún lugar. Es aquí donde nos encontramos con gente buena, comprensible y amable, aquella que sin ningún interés nos limpia de piedras ese camino y hace más placentero y sencillo nuestro paso por la vida. Pero también existen personas que todo nos obstaculizan. De esa gente, mejor ni hablar.

A todas esas buenas personas las vamos buscando por la vida. No les preguntamos: "¿acaso serás tú la persona que saciará mis expectativas profesionales? ¿Me ayudarás a ser feliz? ¡Necesito que alguien me escuche!" ¡Ésa debe ser usted misma! No los amigos, la gente buena. Los hijos pueden buscarse, pero para saber hacerlo hay que saber por dónde. Empero, cuando estamos perdidos en el dolor, en la amargura, en el egoísmo, se nubla la vista. No vemos, nos cegamos.

Todos ellos están ahí, esperándonos en algún lugar de nuestra vida. ¡Qué simple sería nuestra existencia sin esas enormes pruebas a las que nos somete la vida!

Esos niños la esperan a usted. Por algo nos fue negada la posibilidad de ser madres biológicas. Sin embargo, tenemos toda la capacidad para entregar nuestro amor a aquellos desventurados que han perdido a sus "verdaderos" padres. Esperan a alguien que los llene de amor, comprensión, ternura y cariño; que sean respetados en todo y por todos; que a su voz no se le ridiculice ni se le menosprecie por el hecho de provenir de una casa cuna.

Resulta una ironía de la vida que en el lugar donde se concentra la ESPERANZA POR VIVIR, como lo es la casa-hogar, se niegue a su vez el deseo por recurrir a la adopción como aliento para una existencia plena, en armonía con nuestros semejantes. Se considera a la adopción como un imposible, no tanto por el inmenso papeleo al que se ven sometidos los futuros padres sino por la resistencia para llegar a amar a un hijo que no nació de nuestro ser.

En las casas-cuna, las casas-hogar, los orfanatos, etcétera, la historia de una tragedia se cierne sobre ellos. Todos son víctimas y cada uno de ellos carga, al momento de llegar a una estancia de este tipo, con una cruel experiencia, sea en carencias materiales, problemas emocionales de los padres o de la familia e incluso severos casos de maltrato físico y psicológico.

La violencia al interior de la familia es un mal que aqueja a las sociedades del tercer milenio. Los casos se suceden por millones en el mundo y van del insulto a la muerte, pasando por la negación de la otra persona y los golpes.

Es importante señalar que muchos de estos padres que abandonan a su suerte al bebé son drogadictos, alcohólicos o malvivientes. Por lo general, las madres se dedican a la prostitución y, por tanto, no pueden hacerse cargo de sus bebés. La solución es la adopción o el abandono para que otra persona los recoja y se haga cargo de ellos o de plano para que mueran a las pocas horas de haber nacido.

Sin embargo, no todo es tan negro. Se requiere de un poco de información para dar la oportunidad tanto a la madre como al niño de integrarse en una familia. En algunos países, una mujer embarazada que carece de los recursos para llevar un embarazo adecuado y que no tiene los medios para quedarse con su bebé, también puede recibir ayuda de parejas que no han podido tener hijos, mediante el apoyo de un fideicomiso, el trabajo doméstico en la casa de éstos, etcétera. Mientras tanto, el bebé se forma de acuerdo a los valores de la pareja. A este tipo de ayuda se le conoce con el nombre de *padrinazgo*.

Un bebé que sufre situación de abandono físico y emocional no siempre proviene de las clases bajas, ignorantes o altamente violentas de la sociedad. También los hay que se gestan en el seno de la más alta sociedad. Éstos, debido al escándalo que representa un embarazo no deseado o producto de un desliz amoroso, se llegan a otorgar en adopción. No, no es un caso de telenovela. Por desgracia, en todos los países existe esta realidad que lacera a las sociedades mundiales.

En la mayoría de los casos, una pareja que no posee los suficientes lazos afectivos, que no se ama, sin importar el estrato económico-social del que provenga, sufre las consecuencias del desamor. El hombre, al enterarse del embarazo, responsabiliza a la mujer y acaba por sentirse ofendido, engañado. No tardará en alejarse de su "compañera", con el consecuente abandono, la falta de apoyo económico y moral y el rechazo absoluto a su persona y a la del bebé. La maternidad se afronta sola, sin ningún soporte. Se sufre mucho por ello.

Otro tipo de bebés que llegan a las casas-cuna son los de 11 a 13 años de edad. Las madres sufren el rechazo total de sus familias. El único camino que les queda es el de "regalar" a su bebé, si no quieren verse implicadas en un homicidio, debido a la terrible presión que se sobre ellas.

Por lo general, los bebés de adolescentes provienen de la clase media. Sus padres son ejemplos de las típicas familias aceptadas como "disfuncionales", sin caer en parámetros extremos. Por ejemplo: la mamá se pone de malas por el tránsito, el papá lucha por no perder su trabajo, los hijos tienen los problemas propios de su edad, como los novios o las fiestas.

Cuando un adolescente decide tener un bebé , se debe a que la familia ya propuso una serie de "alternativas" al "problema", que van de obligar al jóven a asumir su responsabilidad a la práctica del aborto.

Muchos niñitos son huérfanos. Otros han sido objeto de maltratos por parte de padres irresponsables. A la mayoría se les abandona en cualquier lugar, incluso en los basureros, y por obra divina son rescatados por gente buena. Cerremos los ojos unos momentos e imaginemos el terrible cuadro que significa para la sociedad saber que un recién nacido murió, no por las mordidas de las ratas, sino por el desamor de su madre. Piense en ello un momento...

¿Suerte? Tal vez, pero recordemos que en el camino de la vida lo que nos pasará está ahí, aguardándonos. Un bebé está esperando en algún lugar de nuestra vida a que lo abracemos y que lo llenemos de amor. A la vez, él también desea demostrarnos lo mucho que nos quiere, no porque los sacamos de un lugar como la casa-cuna, sino porque sabe que no existen otros PADRES más que NOSOTROS.

¿No es bello? ¿No es esto obra divina? Eso, queridos lectores y lectoras, se llama simple y sencillamente AMOR.

Desde luego, la batalla de la adopción llega a ser ardua, tardada y hasta frustrante. Hay parejas que por años han luchado por tener un hijo, pero el tiempo no les garantiza la adopción. Empero, bien vale la pena el esfuerzo.

Pero, ¿qué es lo que lleva a una pareja a resistirse a la adopción? Una de las grandes inquietudes de los padres que adoptan se relaciona con la salud física y emocional del niño al que desean acoger, sobre todo en qué condiciones llegó a esa casa-cuna (tal vez golpeado o desnutrido). Además, se vive con la incertidumbre de que algún día la "verdadera" madre regresará y les quitará al niño, una vez que haya crecido. Esto no es posible, a menos que ambas partes decidan romper el anonimato y se pacte en un juzgado cuáles son las obligaciones y derechos de cada uno.

Es común que en muchos países cuenten con instituciones que reciben a niñitos que sus madres, por lo general solteras y de clases bajas, no son capaces de proteger y de amar, so pretexto de la falta de recursos económicos, de las presiones sociales o incluso de trastornos ocasionados por el alcoholismo o drogadicción.

Lo mismo sucede, como ya hemos visto, con las clases baja, media y alta. Sólo que la incidencia, según asciende de estatus, va siendo cada vez menor.

Cuando estas madres deciden ceder a su hijo a la

estancia, renuncian a cualquier derecho presente o futuro que pudieran tener sobre la criatura. Tal vez parezca cruel, pero es absolutamente necesario cuidar el anonimato tanto de la madre como del pequeño, ya que de lo contrario el proceso de adopción no podría cumplir su cometido: integrar a las personas en torno a una familia.

Cuando es la madre la que decide entregar a su hijo, estos niños llegan a integrar expedientes más completos, en los que se conoce quién es la madre, su estado de salud en los últimos meses de gestación o si consumía drogas o alcohol. Más aún, suministran valiosa información sobre los orígenes del padre o de la historia familiar de ambos.

Todo queda registrado en una historia clínica: los medicamentos utilizados, el tipo de alimentación, las condiciones del parto. Toda la información es de lo más completa, lo que a la postre garantiza una buena adopción.

Muchos aspirantes a padres dicen sentirse engañados, cuando no se les proporciona una información tan completa. La verdad es que no resulta sencillo extraer información fidedigna en tan corto tiempo. Recordemos que mucha de esa gente ni siquiera sabe leer o escribir.

La violencia en estos casos no está ajena a una madre. Resulta igual de importante conocer si la madre era golpeada o si la maltrataron estando embarazada.

Nada queda en el aire. Se trata de garantizar que el niño no sufrió ningún tipo de trauma o maltrato en sus primeras semanas de vida o si hubo sufrimiento intrauterino.

Por desgraciada muchas mamás mueren al dar a luz. Es costumbre de uso y de paso la atención por parte de una comadrona en lugar de un médico durante un parto. En este caso, la abuela, el padre o los familiares más cercanos entregan al niño directamente, pero el procedimiento de rutina llega a ser el mismo como si lo hubiera dado la mamá o el papá. Casi siempre es posible tener información, aunque no sea completa.

Un expediente contendrá toda la información necesaria, incluyendo una evaluación médica general y análisis psicológicos de todo tipo: informes fidedignos del nivel de nutrición, fotografías recientes del pequeño, un informe de la trabajadora social que indique en qué condiciones llegó el niño.

Con base en esto, los padres pueden solicitar toda la información que requieran, incluyendo exámenes médicos o sicológicos más profundos.

Sin embargo, los padres adoptantes no escapan a la investigación seria y muy profesional de estas estancias.

Por ley, hay mandatos que obligan a los futuros padres a proporcionar información, como el monto de sus ingresos, las condiciones de trabajo, la relación de pareja, los bienes económicos que se poseen, el tipo de acuerdo matrimonial (si se está por bienes mancomunados o separados) y el estado de salud de la pareja.

Además, datos sobre si han padecido alguna enfermedad contagiosa, el número de años que han vivido juntos, testigos que avalen la calidad moral de los adoptantes, la edad de ambos, un examen médico que especifique que la pareja es infértil, la religión que profesan e inclusive el tipo de ingresos que se llegarían a tener en caso de perder el actual empleo.

En muchos países, la adopción se otorga a parejas heterosexuales, incluso a solteros. Sin embargo, aún está alejado el día en el que los homosexuales y las lesbianas puedan adoptar hijos. Aunque existen algunos casos, por el momento no puede considerarse como una constante. La legislación al respecto, a nivel mundial, tardará todavía algunos años.

Las personas viudas también pueden recurrir a la adopción. Los términos y las condiciones son casi las mismas. En todo caso, se pide que sean mayores de 40 años de edad y menores de 75.

De cualquier modo, los padres adoptantes recibirán los antecedentes que se hayan logrado recopilar, excepto los nombres de los padres biológicos de la criatura, por obvias razones. La madre biológica, como dijimos, renuncia a su hijo.

La adopción como compromiso

Resulta conveniente asegurar a los nuevos padres que ese niño que están a punto de aceptar como HIJO propio es eso: su hijo. A él ya no lo atará ningún pasado, por muy triste o amargo que éste sea. De igual manera, sería conveniente que la futura mamá o el futuro papá se informaran acerca de pláticas, cursos o cualquier preparación que se proporcione por parte de psicólogos, trabajadoras sociales, pedagogos y pediatras. Esto conlleva el único fin de prepararlos, tanto a ellos como a sus familiares, sobre la forma en la que habrán de tratar al nuevo miembro de la familia.

En la medida en que los adoptantes tengan mayor información, sus expectativas de adopción crecerán, porque se deseará al ser humano, no al bebé rubio de sonrisa angelical.

Por lo general, los adoptantes mejor documentados son menos exigentes respecto a las características de los pequeñitos. Por tanto, no ponen condiciones para la adopción, aceptan con mayor facilidad al bebé e incluso se animan por dos, tres o cuatro más, aunque no sean hermanitos. No les importa tener un bebé de años, incluso lo prefieren al de días, que suele ser por el que se deciden la mayoría de las parejas.

La adopción es más que ofrecer casa, vestido, educación o diversiones a un ser humano, a un bebé, o satisfacer el deseo de los adoptantes por realizarse como padres. Es necesario hacerles ver a los adoptantes que ese tierno y bello bebé que ahora tienen en sus manos llegará a ser un adolescente y luego un adulto.

Sus padres le darán todo el AMOR del que sean capaces, de manera que integrarán a un ser humano a la vida, a la economía y al desarrollo de un país. En muchos casos, le propocionarán una patria nueva, puesto que a muchos de los bebés que se encuentran en la casa-cuna se les lleva al extranjero.

Al final eso no importa. Lo mismo da que sean de México que de Tahití, o de Indochina que de Bélgica, siempre y cuando sean seres formados por padres perfectamente equilibrados que no escatimen su tiempo ni sus sentimientos para decirles cuánto se les ama.

Aunque hemos hablado de niños que son sanos, también se encuentran en esas instituciones algunos que padecen cierto defecto físico, deficiencia mental o que ya no son tan bebés. Esto sin duda, y por desgracia, dificulta la adopción. Todo mundo desea Al hijo bonito, simpático y sonriente.

La adopción no es exclusiva de las parejas, aunque llega a ser lo preferible. Existen hombre y mujeres solteros que desean compartir su vida con un niño de casa-cuna, aunque para ellos los requisitos son más minuciosos que para las parejas.

¿Ha visto esa maravillosa película llamada *Mi*

pobre diablito? En ésta se muestra un ejemplo clásico de adopción al que se enfrenta el adulto: un niño tremendo y una sociedad que se resiste a aceptar que lo único que esos pequeñines demandan de los demás es AMOR.

Porque siempre existirá la esperanza

No se trata de descubrir el "hilo negro", pero desde que nacemos se nos dice hasta la saciedad que en la vida, si se quiere trascender, es necesario escribir un libro, sembrar un árbol y tener un hijo. Se tiene la idea de que es una condición "natural" de las personas.

Esto equivale a afirmar que es necesario nacer, crecer, reproducirse y morir. La misma sociedad lo marca así. A la pareja se le da otro significado. Siempre le falta algo para ser aceptada por completo. Toda pareja debe cumplir con el requisito: tener hijos.

Pese a esto, muchas veces el deseo de procrearse es sincero y enorme. Muchas parejas asumen ese compromiso de AMOR con los demás y se abocan a tratar de tener hijos. Para ello,recurren a todos los medios disponibles. Su propia naturaleza, la de las parejas, los llama para trascender a través de los hijos.

Lo cierto es que en la actualidad muchas parejas son infértiles. En la mayoría de los casos, ya se probó todo, sin resultados, por lo que se experimenta una sensación de angustia, decepción, frustración y enojo como pocas veces se llega a dar en la vida.

La pérdida ante dicha situación es inmensa. Por tanto, se vuelve gratificante y esperanzador recurrir a la adopción como medio para trascender en la vida de otras personas. Además, se busca que ese bebecito trascienda y se forme en el velo del RESPETO, la CONSIDERACIÓN y el AMOR a los que todos los seres humanos tenemos derecho.

Todo lo anterior puede parecer repetitivo, pero es importante dejarlo bien claro porque la adopción no es cosa de juego ni un capricho. No se permite, bajo ninguna circunstancia, desequilibrar los sentimientos de nadie, en especial de un niño.

En el tercer milenio, se pretende formar a seres humanos integrados, pensantes e inteligentes. Es responsabilidad de los padres formar al pequeñito. Los valores de la familia adoptante son los que marcarán al niño en su escala de valores.

Lo principal en el momento de la adopción es que los papeles que a cada individuo le corresponde desempeñar se realicen de forma responsable. No es posible que una pareja que logró la adopción se enfrente con unos abuelos que vean al niño como un arrimado, recogido y hasta como un bastardo.

La adopción requiere de despojarse por completo de todos los prejuicios. De esta manera, cuando ese pequeño llegue a SU CASA, se le recibirá de manera amorosa por TODOS. Lo importante es nunca marginar, nunca señalar ni ofender.

Es importante que a la familia completa se le implique en la adopción. Nadie tiene la vida comprada y pudiera darse el caso de que alguno de los papás, o ambos, fallezcan. Entonces los tíos, los abuelos, los padrinos, los primos, los ahijados, todos, habrán de asumir la AMOROSA RESPONSABILIDAD de hacerse cargo del niño sin MARGINARLO.

Los requisitos de adopción

Haciendo a un lado los extremos, revisemos cuáles criterios se toman en cuenta al momento de la adopción. Líneas arriba mencionábamos que a los padres se les somete a un riguroso examen socioeconómico para determinar la educación, los bienes materiales y la cultura que poseen.

De entre todos esos estudios, sobresale uno que determina el perfil emocional como individuo y en función de la pareja. La convivencia es vital y se piden amplias pruebas de la estabilidad emocional de los adoptantes.

Otro dato relevante es el que se refiere al parecido físico del bebé. Aunque se dan casos en que a las parejas no les importa la raza, el color o los rasgos físicos, es importante que exista cierta similitud con los futuros padres.

En Holanda, Suecia o los Estados Unidos, hay

parejas de "blancos" con marcados rasgos anglosajones que adoptan como hijos a un negro, vietnamita o hispano.

Lo ideal es evitar que se complique la situación. Los hijos crecen y comienzan las preguntas, a las que los padres no se preocuparon por darles respuesta desde el propio momento de la adopción.

Por ejemplo: ¿se ha puesto a pensar cómo lo van a registrar? Este simple y a la vez tan complicado paso puede marcar para toda la vida a los hijos, dependiendo del tipo de adopción por el que se opte. Para dicho propósito se cuentan con dos: la simple y la plena.

La adopción simple limita la adopción del bebé al aspecto puramente práctico. En el acta de nacimiento se le mencionará como hijo adoptivo. Esto significa que no genera lazos familiares. Quienes tienen responsabilidad con él son sólo los papás (no los primos, abuelos ni tíos).

De fallecer los padres, estos niños regresan a manos de Estado. El golpe emocional en esta situación es brutal.

De la misma forma, al no reconocerse como descendientes en línea directa, no se les considera como sujetos de herencia. Por tanto, no tienen ningún derecho a reclamarla, a menos que se especifique lo contrario.

El caso de la famosa cantante mexicana Lola Beltrán es bastante conocido. Ella adoptó a un bebé. La cantante murió, sin dejar establecido de manera clara en su testamento si ese hijo tenía derecho a parte de la herencia. Su hija imputa el testamento, puesto que no reconoce al joven como de su misma sangre, y ella asume la totalidad de la cuantiosa herencia. El caso se ha mantenido durante varios años y no se sabe en qué terminará.

Otra desventaja de la adopción simple es que los padres biológicos pueden conocer, porque tienen derecho a ello, a los adoptantes. Además, si la madre se retractara de haber cedido a su hijo en adopción, tiene la posibilidad de pelearlo por la vía legal e incluso de ganar el juicio.

Está por demás señalar el enorme sufrimiento que para todos representa una situación de este tipo, en especial para el niño o niña, ya que se corre el riesgo de que de la noche a la mañana su mundo se desmorone.

El otro inconveniente radica en que los padres adoptivos no viven tranquilos, porque temen que de un momento a otro la madre biológica se presente, reclame al hijo y rompa la armonía de la familia.

El peso que una decisión deja en la conciencia es tremendo y no olvidemos que el peor juez resulta ser uno mismo. El ARREPENTIMIENTO puede darse en cualquier momento, al igual que las sorpresas por parte de la madre biológica.

La adopción plena es más segura para todos. Para

empezar, en el acta de nacimiento no se menciona al hijo como adoptado. La familia acepta al bebé como un miembro más de ésta, porque las leyes lo protegen, con lo que se generan lazos de unión entre ellos y el bebé.

En caso de fallecimiento de los padres, tiene total derecho a la herencia. No existe obligación de conocer la identidad de los padres biológicos ni de que éstos conozcan a los padres adoptivos.

Bajo ninguna circunstancia, la madre biológica puede reclamar derechos sobre el pequeño, debido a que no le asiste la razón jurídica.

Este tipo de adopciones existe en muchos países, pero en el caso de México no es así, salvo en algunos estados. Se sigue luchando por otorgar, a nivel nacional, la adopción plena a los nuevos padres, puesto que es la que garantiza mayor seguridad jurídica y emocional a los bebés.

A propósito, alguien nos comentaba que a un niño adoptado se le debía decir que lo era, porque tarde o temprano se enteraría, lo que sería peor para los padres.

—¿Usted cree —le preguntamos— que sea conveniente decirles la *verdad*?

—Sí —nos respondió—, por supuesto que es necesario decirles que son adoptados. ¿No cree?

—Si usted cree que la solución es decírselo, adelante. Sólo existe un detalle: hay momentos y lugares para hacerlo —le dijimos—. No espere a que haya algún problema serio, donde haya agotado su paciencia o la de su esposo, para decírselo con saña y de forma hiriente. Lo puede hacer con respeto a su dignidad. Sólo tome en cuenta eso.

No dijo nada. Tan sólo se marchó. Recordemos que estamos firmando ante nosotras mismas un pacto de AMOR, no para quedar bien con los demás, sino ESTANDO PLENAMENTE CONSCIENTES de lo que queremos.

Nadie nos pone una pistola para adoptar a un bebé. Por tanto, nosotras somos RESPONSABLES de esa vida, de su integridad, de su seguridad, no por unas semanas, meses ni años, SINO PARA TODA LA VIDA.

No se trata bajo ninguna circunstancia de desencadenar una feroz batalla entre padres biológicos y padres adoptivos. Los padres no son los que ENGENDRAN, sino lo que CRÍAN, sin importar que haya abogados o tribunales que se empeñen en decir lo contrario.

Si no lo entendemos, si hay un mínimo de duda al respecto, mejor no les hagamos perder el tiempo a los demás. La adopción no es para nosotras.

Incluso pudiera darse el caso en que el hijo descubra por "accidente" que es adoptado. Los argumentos a favor de los padres son muchos, pero más valdría, en lugar de correr el riesgo y conocer al hijo, formarlo en una escala de valores propia de la familia y dotarlo de toda la seguridad del mundo.

¿Y si es él quien quiere conocer a su progenitora? Lo puede hacer, siempre y cuando tenga la mayoría de edad. En muchos países, el anonimato es "secreto de Estado". Por ningún motivo se revela la identidad de los adoptantes ni de la madre biológica.

En cambio, existen otros donde es posible conocer esos datos, pero no se proporcionan si no se tiene la mayoría de edad. Pero, ¿para qué correr riesgos innecesarios?

Está más que comprobado que cuando un niño se siente amado, aceptado e identificado por completo con sus padres, JAMÁS pedirán conocer a otra persona.

En lo particular, recomendaríamos que se le dijera la verdad: que es un niño adoptado. Esto obedece a la sencilla razón de que él confiará plenamente en nosotras si sabemos ser honestas y sensibles. Cuando a un niño adoptado se le trata con los mismos privilegios, derechos y responsabilidades que a los demás, no debe haber suspicacias de ningún lado.

Recordemos que la sencillez es la respuesta. En la medida en que se hable de forma natural y de ACUERDO a la edad y al entendimiento del niño, disminuirán los fantasmas de la incertidumbre. Tampoco hay que dudar en ningún momento de recurrir a la ayuda de los familiares o inclusive de terapeutas, trabajadores sociales o psicólogos.

Pero recordemos que este asunto atañe sólo al niño y a sus papás. Deben ser éstos los ÚNICOS que puedan revelarle la verdad al niño.

Como hemos visto, la adopción encierra toda una enorme responsabilidad para el resto de la vida. Pero si por alguna razón la honestidad llegó a sus corazones y decidieron no adoptar hijos, ¡FELICIDADES! Se necesita valor para hacerlo.

En este caso, les espera a esas parejas una vida llena de logros, de intereses y objetivos compartidos, de amor absoluto y pleno, de reconocimiento. Gracias de nuevo por su SINCERIDAD.

Sin embargo, para todos aquellas parejas o personas solteras empeñadas, siempre existirá un camino de luz, donde lo que en verdad importa es darse con AMOR al hijo, sin importar su condición física o mental. Por eso son los hijos del corazón...

LOS COFRES DEL SEÑOR

Tengo en mis manos dos cofres que el Señor, mi Dios, me dio. Él me dijo: "pon todas tus penas en el cofre negro, y todas tus alegrías en el dorado". Yo escuché sus palabras y sin saber bien a bien guarde mis alegrías y mis tristezas en los dos cofres.

Sin embargo, el cofre dorado se fue poniendo más y más pesado, mientras que el negro estaba tan liviano como en un principio. Invadido por la curiosidad, abrí el cofre negro para saber por qué seguía sin ganar peso, y encontré en su fondo un hueco por el que todas mis tristezas habían salido.

Con timidez y perplejo le mostré a mi Dios los cofres, y el hueco que había descubierto. Sin poderlo evitar, reflexioné en voz alta: "me pregunto ¿adónde habrán ido mis penas?". Él me sonrió y con tierna voz me respondió: "hijo mío, tus penas están conmigo". Insistente, le pregunté: "Señor, ¿por qué me has dado dos cofres y el negro con un hueco?". "Hijo mío, el dorado sirve para que cuentes tus bendiciones; el negro, para que olvides todas tus penas".

Esta obra, que consta de 1,000 ejemplares más sobrantes para reposición, se terminó de imprimir el día 5 de septiembre de 2002, en los talleres de E. Géminis S.A. de C.V.

Tipografía: Verónica Castañeda L.